Emotions in Motion

Theatrical Puppets and Masks from Black Africa

La Magie de l'Imaginaire

Marionnettes et masques théâtraux d'Afrique Noire

E.A. DAGAN

 **GALERIE AMRAD AFRICAN ARTS**

1522 Sherbrooke O., Suite 6, Montréal P.Q., H3G 1L3,Tél.: (514) 934-4550

English Editing/Révision anglaise: **Barbara Rosenstein, Jean-Claude Lefebvre**

French Translation/Traduction française: **Jean-Claude Lefebvre**

Studio Photography/Photographie en studio: **Brendan Mathers**

Field photography/Photographie sur le terrain: **E.A. Dagan**

Colour Cover Page/Page couverture en couleurs: **Guy Lavigueur**

Graphic Design/Conception graphique: **Arlene Havrot, Blaine Herrmann**

Drawings/Dessins: **Blaine Herrmann, P. Pereplys**

Typesetting/Typographie: **Barbara Rosenstein**

Printing/Impression: **Kayjon Graphics Inc.**

All colour photographs on the cover pages are described in detail with the black and white photography in the book.

Toutes les photographies en couleurs des pages de couverture sont décrites en détail avec des photographies en noir et blanc dans le livre.

To Halit and Adi

African puppets in German Collections/Marionnettes africaines de collections allemandes
Photo: Karl-Ferdinand Schaedler

REMERCIEMENTS • ACKNOWLEDGEMENTS

Cette publication n'aurait jamais pu voir le jour sans le concours et la coopération d'un grand nombre de personnes et institutions. D'abord, je tiens à remercier les musées d'Afrique, d'Europe et de l'Amérique du Nord, ainsi que les collectionneurs, dont plusieurs ont préféré conserver l'anonymat, qui m'ont permis de me servir de pièces de leurs collections:

This publication would never have come to light without the help and co-operation of a large number of people and institutions. First, I would like to thank the museums from Africa, Europe and North America and the collectors, some of which preferred to remain anonymous, for the use of their material:

A.M. Sauter, Lauzanne
Afrika Museum, Berg en Dal, Holland/Hollande
The African Art Museum of S.A.M. Fathers, New Jersey
Peter Amatuzio, Montreal
Agnes Etherington Art Centre, Queen's University, Kingston
The Baltimore Museum of Art
R. and L. Brown, Montreal
The Centre for Puppetry Arts, Atlanta
David Currell
Galerie des Cinq Continents, Montréal
Stad Ethnografisch Museum, Antwerp/Anvers
Gallery DeRoche, San Francisco
The Fine Arts Museums of San Francisco
Glenbow Museum, Calgary
Arlene Havrot, Montreal
J. A. Heymann, San Francisco
Michel Huet
Israel Museum, Jerusalem
Jewish Museum, New York
Kahan Gallery, New York
Leonard and Judith Kahan, New Jersey
Kristian and Sharon Kudrnac, Montreal
Maison Alcan, Montréal
Musée de l'Homme, Paris

Musée des Arts africains et océaniques, Paris
Musée des Arts décoratifs, Lauzanne
Musée des Arts et Traditions du Gabon, Libreville
Musée des Beaux-Arts de Montréal
Musée National, Bamako, Mali
Münchner Stadmuseum
Natal Museum, South Africa
National Museum, Monument and Art, Gaborone, Botswana
National Museums of Canada
Jacek Jan Pawlick
Pitt Rivers Museum, Univ. of Oxford
The Pittsburg Children's Museum
Puppentheatersammlung, Munich
Frank Robichez, Paris
Barbara Rosenstein, Montreal
Royal Ontario Museum, Toronto
Schuleund Museum für Gestaltung, Zürich
Seattle Art Museum
Service Information Burkina Faso
Todd and Lees Siler, Cambridge, Mass.
Norma Singerman, Montreal
Staatl Museum fur Volkerkunde, München
Dwight A. Strong, San Francisco
Karen and Richard Venezky, Newark
James and Marjorie Wilson, New Jersey

Des remerciements tout particuliers reviennent à Olenka Darksowska-Nidzgorska et John Nunley qui m'ont gracieusement permis de me servir de dessins qu'ils ont publiés.

Je tiens aussi à souligner l'apport de nombreux bibliothécaires d'universités et de musées, particulièrement de Janet Stanley, de la Smithsonian Institution à Washington, pour m'avoir aidée à dénicher des publications rares.

Je remercie du fond du coeur un groupe de gens avec qui je m'estime chanceuse d'avoir eu l'occasion de travailler: Virginia Nixon et Jean-Pierre Favarger pour avoir lu mon manuscrit à ses premières étapes et m'avoir prodigué suggestions et conseils; Jean-Claude Lefebvre pour son aide pendant la révision finale de la version anglaise et pour sa belle traduction vers le français; les concepteurs Arlene Havrot et Blaine Herrmann qui ont consacré tant de leur précieux temps à réaliser une mise en page de si grande qualité. Je suis reconnaissante à Brendan Mathers, Guy Lavigueur et Scott McCue pour leur excellent travail de photographie à pied levé. Finalement, mais non en ordre d'importance, je remercie fort chaleureusement et sincèrement Barbara Rosenstein pour son aide professionnelle, sa compréhension et sa patience à toutes les étapes de la rédaction et de la typographie de ce livre.

Sans l'encouragement et la compréhension de tous ces gens, ce livre n'aurait jamais pu paraître.

Special thanks to Olenka Darkowska-Nidzgorska and John Nunley who graciously allowed me to use drawings from their publications.

I extend my gratitude to numerous university and museum librarians, particularly Janet Stanley of the Smithsonian Institution in Washington, who helped me find rare publications.

Warmest thanks to a group of people that I feel lucky to have had the opportunity of working with: Virginia Nixon and Jean-Pierre Favarger for reading my manuscript in its first stages and for their valuable suggestions and advice; to Jean-Claude Lefebvre for his help in editing the final version and for his wonderful translation into French; to the designers Arlene Havrot and Blaine Herrmann who devoted so much of their valuable time to reach such a high quality of design. I also extend my thanks to Brendan Mathers, Guy Lavigueur and Scott McCue for their excellent photography work under impossible deadlines. Last but not least, very warm and sincere thanks to Barbara Rosenstein for the professional help, understanding and patience she showed at all stages of the editing and typesetting of this book.

Without the encouragement and understanding of all these people, this book would not have been completed.

TABLE DES MATIÈRES

TABLE OF CONTENTS

INTRODUCTION

La Magie de l'Imaginaire, voilà l'âme de la vie et du théâtre africains, dont les marionnettes et masques font partie intégrante. Ils en sont une manifestation socio-culturelle complexe, extrêmement riche et multidimensionnelle. A la fois sculptures et objets théâtraux, ils appartiennent aux mondes spirituel/religieux et réel/profane, et représentent une image dramatique en mouvement. L'interprète et le spectateur se partagent la création et le geste, et les considèrent comme un moyen de communication qui dirige les énergies créatrices de la société.

L'intérêt croissant que l'on porte à l'art africain depuis la Deuxième Guerre mondiale a porté sur la sculpture et les masques, négligeant les marionnettes et leurs liens avec les masques. Sauf pour quelques études érudites, qui m'ont inspirée, surtout celles d'Olenka Darkowska-Nidzgorska, Mary Jo Arnoldi et Frank Proschan, il y a une pénurie de documentation dans ce domaine.

Au cours des trente dernières années, mes recherches en danse africaine m'ont donné l'occasion unique d'assister à des centaines de festivals, mascarades, cérémonies et rituels en Afrique de l'est, de l'ouest et centrale, y compris de fascinants spectacles de marionnettes, surtout au Mali, au Nigeria et au Gabon.

Afin de situer les marionnettes et masques dans un contexte théâtral approprié, j'ai choisi de passer du général - l'universalité des marionnettes - au monde auquel elles appartiennent - le théâtre africain tel qu'illustré dans le chapître sur les arts de la scène au Gabon - pour aboutir aux problèmes et dilemmes de la définition et la classification des marionnettes africaines et de leur comparaison à d'autres types de sculpture africaine, en particulier les masques.

Quant au comment et au contexte de leur représentation, j'ai choisi de parler d'un théâtre de marionnettes au Gabon parce qu'à l'encontre d'autres spectacles c'était le seul qui n'était pas lié à une saison, un endroit ou une société spécifiques. Quoique divertissement populaire et profane, il demeurait traditionnel et indigène par ses méthodes et thèmes. Comme tel, il représente la transformation et la sécularisation du théâtre africain d'aujourd'hui.

Ce livre vise à expliquer les marionnettes et les masques à partir d'un point de vue personnel, tout en les examinant sous diverses facettes et en posant des questions auxquelles il n'y a pas toujours réponse complète. Je cherche à stimuler la réflexion sur et la critique du magnifique phénomène des marionnettes africaines et à donner au lecteur un aperçu de ce monde théâtral de l'illusion qui a le pouvoir de traduire sentiments et idées en mouvements et images vives de contes. Il a aussi le pouvoir d'unir les acteurs et les spectateurs à leur environnement, et je l'espère avec le lecteur, et de jouer un rôle important dans la transmission de normes et valeurs d'une génération à la suivante.

INTRODUCTION

Emotion in Motion is the essence of African life and theatre, of which puppets and masks are an integral part. They are a complex socio-cultural manifestation, extremely rich and multi-dimensional. Both are sculpture and theatrical objects, linked to the spiritual/religious and realistic/secular worlds, and embody the visualisation of a dramatic image in motion. The creation and action are shared by the performer and the spectator who see them as a means of communication whereby creative energies of a society are focussed.

The increasing interest in African art since World War II has centred on sculpture and masks, somehow neglecting to deal with puppets and their relationship with masks. Except for a few scholarly works, which inspired us, mainly those of Olenka Darkowska-Nidzgorska, Mary Jo Arnoldi and Frank Proschan, very little detailed material can be found on the subject.

Over the past thirty years, my quest to learn and understand African dance has provided me with the incredible opportunity of witnessing hundreds of festivals, masquerades, ceremonies and rituals in East, West and Central Africa, including fascinating puppet performances, particularly in Mali, Nigeria and Gabon.

In order to place puppets and masks in a proper theatrical perspective, I have chosen to start from the general - the universality of puppets - before progressing to the world where they belong - the African theatre, as exemplified by the chapter on the performing arts in Gabon -

thence to the problems and dilemmas inherent in defining and classifying African puppets and in comparing them to other types of African sculpture, particularly masks.

As for giving examples of how they perform and under which circumstances, I have opted for puppet shows in Gabon which, in comparison to other puppet performances, were the only ones disconnected from any specific season, place and society. Although these shows were popular secular entertainment, they remained traditional and indigenous in their methods and themes. As such, they represent the transformation and secularization of today's African theatre.

The aim of this publication is to deal with puppets and masks from a personal point of view, while touching on various angles and raising questions that are not always answerable in full. My goal is to stimulate thinking and appreciation of the magnificent phenomenon of African puppets and give the reader a glimpse of this illusionary theatrical art form, which has the power of translating feelings and ideas into motion and vivid story-telling images. It has the power to unite performers and spectators with their environment, and hopefully with the reader as well, and to play a significant role in the transmission of mores and values from one generation to the next.

L'UNIVERSALITÉ DES MARIONNETTES

Depuis la nuit des temps, la marionnette est un instrument théâtral d'animation et de communication des émotions, sentiments et idées d'une société. Populaire ou oubliée selon les âges, elle a fait son chemin, s'intégrant à la plupart des cultures, se produisant dans des pièces rituelles, semi-rituelles et profanes populaires, dans tous les contextes imaginables et au profit de gens de tous âges et de toutes classes. Mais sa fonction varie, ici comme art folklorique, là comme outil d'enseignement, ailleurs comme divertissement.

L'art des marionnettes est peut-être

issu du rituel magique, et les peuples primitifs se servaient certainement de marionnettes avant qu'on invente l'écriture. Depuis ses débuts chez les sociétés tribales, cet art a fait partie intégrante de toutes les autres civilisations. Les écrits de l'Egypte ancienne, de la Grèce et de Rome en parlent, et plus tard l'église chrétienne a intégré des marionnettes dans des pièces bibliques. (Speaight, 804)

Le fait que les sociétés secrètes et les associations d'artistes et de jeunes de nombreuses ethnies africaines se servent de marionnettes et de masques pendant des rites, comme le font les Haida en Colombie-Britannique, les Hopi en Arizona et les Iroquois au Québec lors de leurs cérémonies de guérison et de chasse, confirme une origine puisant dans la magie et les croyances.

Pourquoi cet engouement universel? Pourquoi des gens de diverses cultures, dont des africaines, et de différents siècles les ont-ils créées? Comment ont-elles pu survivre aux soubresauts sociaux, politiques et économiques, alors que la croyance dans leurs pouvoirs magiques est pratiquement disparue et que leurs origines rituelles ont depuis longtemps été oubliées?

Leur existence à travers les âges vient du besoin chez l'homme de surmonter des crises par l'illusion; de transformer des rêves en réalité; de créer la vie; de donner corps à des émotions et des idées et de posséder le pouvoir de création, comme une divinité. "Il s'agit de l'instinct humain de mimer ce que l'on voudrait que soit la réalité." (Speaight, 1029)

Cependant, l'histoire aime la documentation et le théâtre des marionnettes n'en a guère laissé, son art étant essentiellement verbal et visuel. De plus, non seulement les marionnettes sont-elles périssables, mais elles passent souvent aux rebuts après avoir servi. Et "la postérité a été privée de nombreux personnages importants, de vieilles coutumes voulant qu'à la mort d'un maître-marionnettiste ses créations prisées reposent à ses côtés dans sa tombe. " (Bohmer, 6)

Racines anciennes

Certains spécialistes font remonter les marionnettes à l'Inde d'il y a 4,000 ans, se fondant sur des pièces en sanskrit dont le personnage principal s'appelle *sutrahada* ou "le teneur de ficelles".

En Chine, l'art des marionnettes est probablement né il y a 2,000 ans. De toute évidence, il était populaire à Rome, des références y étant faites dès le 4e siècle av. J.-C., et les Grecs s'en servaient probablement au 8e siècle av. J.-C. Au moyen-âge, des marionnettistes présentaient leurs pièces bibliques et à mystère à travers l'Europe.

Dès le 15e siècle, s'inspirant de la commedia dell'arte, les spectacles de marionnettes étaient populaires partout en Italie. Trois siècles plus tard, ils étaient si recherchés en Europe que des artistes avaient créé des théâtres permanents. Au 19e siècle, les marionnettistes se produisaient déjà en Amérique du Nord où leurs personnages ont été adaptés à des spectacles locaux.

A travers le monde, particulièrement en Afrique, l'art des marionnettes a évolué sensiblement de la même façon. D'abord, il faisait partie du théâtre rituel religieux, puis s'est lentement sécularisé et intégré au théâtre populaire.

L'île Awaji au Japon en est un excellent exemple. Elle est synonyme de l'art des marionnettes et les Japonais l'estime être le creuset de leur théâtre de marionnettes, même si aujourd'hui le rituel a cédé la place au pur divertissement.

Une fois l'an, le village Kamori d'Awaji célèbre le festival de la déesse Benten-sama lors d'un spectacle de marionnettes d'un jour. Un théâtre en plein air est monté dans l'enceinte d'un temple et l'une des troupes locales a le mandat d'amuser les villageois qui de 6h à 21h restent assis sur le sol bouche bée devant la scène, comme leurs ancêtres le faisaient. Jeunes et vieux sont de la partie munis de paniers à provisions remplis de riz et de légumes marinés ou sucent des bonbons et mangent de la crème glacée en attendant le spectacle. (Scott, 1)

THE UNIVERSALITY OF PUPPETS

Since time immemorial, puppets have served as a theatrical means to animate and transmit a society's emotions, feelings and ideas. Whether enjoying periods of popularity or obscurity, they have continued to spread worldwide, appearing in virtually all cultures, performing in ritual, semi-ritual and popular secular dramas, in all imaginable settings and for people of all classes and ages. But their functions vary, here as living folk art, there as a teaching tool, elsewhere as entertainment.

The origins of puppetry,

> may lie with ritual magic, and undoubtedly, primitive people made puppets before the invention of writing. From its beginnings in tribal society, puppetry has been part of every subsequent civilization. Ancient Egypt, Greece and Rome recorded it, and later the Christian Church incorporated puppets in biblical plays. (Speaight, 804)

The fact that secret societies and performer or youth associations in many African ethnic groups use puppets and masks in ritual dramas, as do the Haida in British Columbia, the Hopi in Arizona and the Iroquois in Québec in their healing and hunting ceremonies, confirms that puppets are well-rooted in magic and beliefs.

What is the reason for the universal appeal of puppets? What made people from different cultures, including African ones, and different centuries create them? What allowed puppets to survive social, political and economic upheavals when belief in their magical powers has all but disappeared and their ritual origin has long been forgotten?

The existence of puppets through the ages lies in the human need to overcome crisis through illusion; to make dreams into reality; to create life; to visualise feelings and ideas and feel the power of creating life, like god. "It lies in the human instinct to act out that which one wishes to take place in reality." (Speaight, 1029)

However, history likes documentation and puppet theatre has left little of it, since it is essentially a verbal and visual art. Furthermore, not only are puppets perishable, but when they have served their purpose they are often discarded. Also, "Posterity has been deprived of many important figures through the old customs, on the death of a puppet master, of lying beside him in the grave his prize creations." (Bohmer, 6)

Ancient Roots

Some scholars trace the origin of puppets to India 4,000 years ago, on the basis of Sanskrit plays where the main character was called *sutradhara* or 'the holder of strings'.

In China, puppetry probably appeared some 2,000 years ago. Undoubtedly, it was a common form of entertainment in Rome where references to puppets date back to the 4th century B.C. The Greeks possibly used puppets as early as 800 B.C. and in the Middle Ages, puppeteers travelled throughout Europe performing popular biblical and mystery plays.

Inspired by the commedia dell' arte, puppet shows were popular throughout Italy by the 15th century. Three centuries later, they had become so popular in Europe that showmen set up permanent theatres. By the 19th century European puppeteers were performing in North America where their characters were adapted to local shows.

Throughout the world, and particularly in Africa, the evolution of puppetry has gone through similar stages. Initially, puppetry was used in religious ritual drama. It then experienced a slow process of secularization, becoming part of popular theatre.

An excellent example of this process is Japan's Awaji Island, which is synonymous with puppetry and considered by the Japanese as the cradle of their puppet theatre, though today the ritual element has been replaced by sheer entertainment.

> Once a year, the Awaji village of Kamori celebrates the festival of the goddess Benten-sama with an all-day puppet performance. An open-air theatre is rigged up in the temple precincts, and one of the local troupes is engaged to entertain the villagers, who gather from 6 a.m. to 9 p.m. to sit engrossed upon the ground before the stage as their ancestors did before them. The old and the young attend and bring their lunch boxes filled with rice and pickled vegetables or suck their lollipops and eat ice cream as they prepare to make a day of it." (Scott, pg 1)

L'UNIVERSALITÉ DES MARIONNETTES

Aujourd'hui, les spectacles de marionnettes dans les pays industrialisés sont surtout profanes et se servent de nombreuses techniques modernes pour s'intégrer aux spectacles populaires télévisés, surtout les programmes d'enfants et la publicité. Souvent dans les pays en voie de développement, principalement à l'extérieur des grandes villes, on trouve encore des marionnettes traditionnelles à origines rituelles.

Types de marionnettes

Il y a de nombreux types de marionnettes, chacun possédant ses propres caractéristiques et atouts théâtraux. Généralement, les marionnettes sont classées en fonction de leur mode de manipulation.

Marionnettes à doigt Elles sont toutes petites et le manipulateur fait bouger leurs membres avec deux doigts.

Marionnettes à main ou à gaine Faites de tissu et le corps creux, elles couvrent la main, les doigts s'insérant dans la tête et les bras, et montre le personnage à partir de la taille. La plupart des héros folkloriques sont des marionnettes à main. La scène est portative et le spectacle typique est donné en plein air par une personne, par exemple en Europe, en Chine et dans certaines régions de l'Afrique.

Marionnettes à tige Manipulées par en-dessous, elles sont des personnages en pied supportés par une tige traversant le corps jusqu'à la tête, avec de plus petites tiges latérales pour contrôler les jambes et/ou les bras. Appelées *wayang golek* à Java et à Bali, où elles sont traditionnelles, elles sont courantes en Pologne, Belgique, Roumanie, Hongrie et l'Allemagne de l'Est.

Marionnettes à fils Ces personnages en pied sont contrôlés par des fils manipulés par au-dessus de la scène. Les membres et la tête pouvant être manipulés simultanément, il s'agit du type de marionnettes le plus délicat et le plus difficile.

Personnages plats Ces figures bidimensionnelles contrôlées par au-dessus étaient fort populaires au 19e siècle en Grande-Bretagne où elles sont probablement nées.

Ombres chinoises Variantes des figures plates, en ce que l'ombre d'une marionnette est vue à travers un écran translucide, elles demeurent populaires à Java, Bali, Thaïlande, France, Chine, Inde, Turquie et Grèce. Elles remontent au 18e siècle et on les appelaient alors ombres chinoises.

Bunraku japonaises Comme elles font deux-tiers de la grandeur nature, il leur faut jusqu'à trois manipulateurs, l'un tenant le corps, les deux autres actionnant les membres avec des tiges. D'abord créées au 18e siècle, elles servent encore de nos jours, entre autres avec le Théâtre sans Fil à Montréal.

Marionnettes à la planchette On les fait danser en variant légèrement la tension d'un fil qui relie le genou de l'artiste à un poteau en passant par la poitrine de la marionnette. De nombreux marionnettistes de place publique s'en servaient en Europe aux 18e et 19e siècles.

Marionnettes géantes On les retrouve dans de nombreuses processions en Europe et en Chine sous forme de dragons et autres personnages mythiques.

Marionnettes aquatiques Traditionnelles au Vietnam, elles sont manipulées sur la surface de l'eau par des perches et cordes contrôlées par un marionnettiste caché dans une hutte construite au milieu d'un lac.

Doigt /Finger

Main/Hand

Gaine/Glove

Fils/String

THE UNIVERSALITY OF PUPPETS

Today, puppet shows in the industrialized world are mainly secularized and have incorporated numerous elements of modern technology to become an integral part of popular television shows, mainly children's entertainment and advertising. In numerous parts of the developing countries, though, particularly outside major cities, there are still many examples of traditional puppetry based on the realm of the ritual.

Types of Puppets

There are many types of puppets, each having its own characteristics and dramatic materials. Puppets are generally divided into categories by their method of manipulation.

Finger Puppets They are very small and the manipulator uses two fingers to bring their limbs to life.

Hand or Glove Puppets Their hollow bodies are made of cloth and they fit over the hand, with the fingers inserted in the head and limbs. The figures are shown from the waist up and most traditional folk heroes are hand puppets. The booth is portable and the typical show is often presented by one person in the open air, for instance throughout Europe, in China and in parts of Africa.

Rod Puppets Manipulated from below, they are full-length characters supported by a rod running inside the body to the head, with separate thin rods to move the legs and/or arms. Traditional in Java and Bali, where they are called *wayang golek*, they are the usual type of figure found in Poland, Belgium, Rumania, Hungary and East Germany.

Marionettes or String Puppets These full-length figures are controlled by strings manipulated from above the stage. Since all limbs and the head can be manipulated simultaneously, they remain the most delicate and difficult medium of puppetry.

Flat Figures These flat, two-dimensional figures, controlled from above, were quite popular in the 19th century in Great Britain where they probably originated.

Shadow Puppets They are a type of flat figure in that the shadow of a puppet is seen through a translucent screen. They are still popular in Java, Bali, Thailand, France, China, India, Turkey and Greece. They date back to the 18th century when they were called *ombres chinoises*, or Chinese shadows.

Japanese Bunraku Two-third life-size, they are operated by as many as three manipulators, one holding the body upright and the other two moving the limbs with rods. They date back to the 18th century and are still in some use, for instance by Théâtre sans Fil in Montreal in recent years.

Jigging Puppets They are made to dance by slight variations in the tension of a thread passing through the chest horizontally from the performer's knee to an upright post. Many European street-corner puppeteers used them in the 18th and 19th centuries.

Giant Puppets Many procession festivals throughout Europe and China feature them as dragons and other mythical characters.

Aquatic Puppets Traditionally Vietnamese, these puppets are manipulated on the surface of the water by poles and cords controlled by puppeteers concealed in a hut build in the middle of a lake.

Tige/Rod   Ombre/Shadow   Bunraku

L'UNIVERSALITÉ DES MARIONNETTES

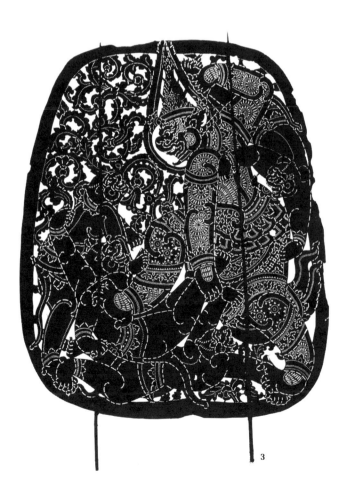

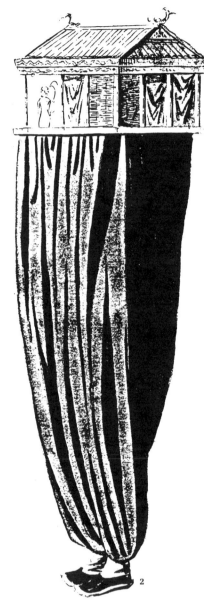

1. A puppet show in China/un spectacle de marionnettes en Chine From/de Anderson, M., pg 152

2. A Chinese puppet-eer/un marionnet-tiste chinois, XIXth century/XIXe siècle

3. Gunungan shadow puppet/ombre chi-noise Gunungan Java, XIXth century/ XIXe siècle Münchner Stadmuseum Pup-pentheatersammlung Munich

3a. Javanese puppet/ marionnette java-naise

7

4. Indian shadow puppet from Karnatak/ ombre chinoise indienne de Karnatak From/de Currell, pg 6

5. Burmese national dancers and puppets/danseurs et marionnettes nationaux birmans From/de Currell, pg 32

L'UNIVERSALITÉ DES MARIONNETTES

Caractéristiques de l'art des marionnettes

A l'encontre des artistes d'autres disciplines, le marionnettiste et sa marionnette, en tant que créateur et création, dépendent l'un de l'autre et sont inséparables. Un peintre, sculpteur ou architecte crée une peinture, une sculpture ou un immeuble. Un compositeur, auteur de pièces ou chorégraphe, une symphonie, pièce ou danse. Une fois terminée, la création commence une vie indépendante.

> Le marionnettiste est un artiste, un amalgame unique de sculpteur, modeleur, peintre, couturier, électricien, menuisier, acteur, écrivain, réalisateur, concepteur et inventeur qui pendant la préparation de son spectacle fait appel à ses divers talents. S'il choisit d'exécuter toutes ces tâches et, s'il est chanceux, il produira un spectacle fort cohérent. Mais, il pourra aussi n'être qu'un des membres d'un groupe ou d'une troupe qui unissent leur nombreux talents. (Currell, 1)

Advenant que le marionnettiste et sa marionnette soient séparés, ils perdent leur pouvoir d'expression. La marionnette ne vit que lorsque son maître la manipule. Sans ce rapport ni l'un ni l'autre ne survit.

Par contre, la marionnette est privée de rapport direct avec l'auditoire, contrairement aux acteurs et danseurs. Lorsque Yves Joly, un marionnettiste français, donnait des spectacles sans marionnette, ne se servant que de ses mains nues, il créait un lien direct avec son auditoire et devenait acteur.

L'acteur, le danseur se produisent sur les planches, mais ne peuvent être exhibés comme objets théâtraux dans un musée. La marionnette oui, mais le visiteur ne peut l'apprécier que comme sculpture. Elle est morte. Son potentiel expressif n'existe que pendant le spectacle. C'est dans l'imagination des spectateurs que la marionnette se met à vivre et évoquer des émotions.

> Il y a deux sortes d'émotions dans le théâtre. Nous pouvons être émus par la personnalité ou par l'impersonnalité de l'acteur. L'essence de la marionnette c'est son impersonnalité. Il s'agit d'un type plutôt que d'une personne. ...La marionnette est en

fait le masque complet - le masque dont l'acteur humain s'est retiré. (Speaight, History of English Puppet Theatre, 3)

La marionnette possède un avantage tant sur l'acteur que sur le danseur: la faculté de défier la gravité. Ni l'acteur ni le danseur ne peuvent voler. Mais, "la marionnette a un pouvoir d'anti-gravitation parce que la puissance qui la fait voler est plus grande que celle qui la retient au sol." (Sachs, 47) Cette qualité lui donne un vocabulaire de mouvement et de gesticulation ouvrant la voie à une distortion de mouvement et une expressivité que l'acteur peut rarement égaler.

Il est donc compréhensible qu'à travers les âges les spectateurs de théâtre de marionnettes aient apprécié et goûté non seulement l'illusion de mouvement quasi réel créé par le marionnettiste mais aussi la complexité du théâtre en tant qu'univers d'émerveillement et de fantaisie.

10. Guignol and/et
gnafron c. 1906
From/de Currell,
pg 16

THE UNIVERSALITY OF PUPPETS

Characteristics of Puppetry

Unlike artists and their creations in other disciplines, the puppeteer and his puppet, as creator and creation, depend on one another and cannot be separated. A painter, sculptor or architect creates a painting, sculpture or building. A composer, playwright or choreographer - a symphony, play or dance. Once finished, each creation takes on a life of its own.

> The puppeteer is an artist, a unique combination of sculptor, modeler, painter, needleworker, electrician, carpenter, actor, writer, producer, designer and inventor who in the course of preparing a show calls upon a host of diverse skills. He may take on all of these tasks himself and, with luck, achieve a high degree of artistic unity. Alternatively, he may be just one of a group or company, pooling their many and varied talents. (Currell, 1)

Should the puppeteer and his puppet lose their connection, so they would their expressive power. The puppet can only come to life when manipulated by the puppeteer. Without this connection, neither would survive.

However, the puppet lacks a direct rapport with the audience, which both actors and dancers are privileged to have. When Yves Joly, the French puppeteer, performed without a puppet, using only his bare hands, he gained a direct rapport with the audience and became an actor instead.

A dancer or an actor performs on stage but cannot be displayed as a theatrical object in a museum. A puppet can, but then it becomes a static sculpture, it is "dead". Its expressive potential can only be realized when moving on stage and it is in the imagination of spectators that it begins to exist and evoke emotions.

> There are two kinds of emotion in the theatre. We may be moved by the personality of the actor or by the impersonality of the actor. The essence of a puppet is its impersonality. It is a type rather than a person. ... The puppet is, indeed, the complete mask — the mask from which the human actor has withdrawn. (Speaight, History of English Puppet Theatre, 3)

Nevertheless, the puppet has an advantage over both the live actor and the dancer: the ability to defy gravity. Neither the dancer nor the actor can fly. But "the puppet has an anti-gravitational power because the power which lifts it into the air is greater than that which ties it to the earth." (Sachs, 47) This freedom from gravity endows the puppet with a different vocabulary of movement and gesticulation which opens the door to distorted movements and an expressivity that the live actor can rarely achieve.

It is understandable why, throughout the ages, audiences have enjoyed and admired not only the illusion of life-like movement created by the puppeteer's manipulation of the puppet, but also the added complexity of the theatrical event as a whole world of wonder and fantasy.

9. Karagöz puppet/ marionnette Karagöz Münchner Stadmuseum Puppentheatersammlung Munich

L'UNIVERSALITÉ DES MARIONNETTES

Les personnages des marionnettes

Les personnages des marionnettes sont l'essence même du théâtre de marionnettes. Ils reflètent les comportements, coutumes et croyances des sociétés et certains sont maintenant classiques: Pulchinella et Harlequin (Italie); Karagöz (Turquie); Punch et Judy (Angleterre); Petrushka (Russie); Herring (Hollande); Casper (Allemagne); Don Christobal (Espagne); Orlando (Sicile); Chanchez (Belgique); Guignol (France); Lazlow (Hongrie) et Basilasche (Roumanie). Généralement, ils ont été tirés de la littérature écrite ou orale, récits, légendes locales, contes et mythes. Souvent, la musique, le chant et l'éclairage rehaussent les éléments théâtraux.

Chaque personnage est habillé selon son rôle et situé dans un contexte approprié. Le roi avec sa couronne est assis sur un trône dans son palais, le soldat armé est planté sur un champ de bataille, le pêcheur muni de filets de pêche est placé sur une embarcartion et le chasseur porte son barda dans un contexte forestier.

Généralement, les personnages s'adaptent aux cultures. Par exemple, Pulcinella est né en Italie de la Commedia dell'arte au début du 17e siècle. Des marionnettistes italiens l'ont promené en Europe et il est devenu Polichinelle en France, Punch en Angleterre, Petrushka en Russie. Plus tard, Judy s'est jointe à Punch et tous deux ont vogué aussi loin qu'en Amérique du Nord, Afrique du Sud et Australie. De tels voyages ont exporté Karagöz, le personnage turc, au Moyen-Orient et en Afrique du Nord. L'équivalent s'est également produit dans plusieurs sociétés africaines.

On choisit les personnages en fonction de la "leçon" présentée. Le message éducatif à connotation historique proviendra d'un héro ou guerrier; la critique sociale, d'un juge, chef spirituel ou clown; le message religieux, d'un prêtre, magicien, sorcier ou divinité et celui traitant du contrôle social, d'un roi, chef ou souverain.

Les marionnettistes cachent leur identité pour se protéger et disposer d'une liberté d'expression que les acteurs n'ont pas. Ils critiquent sans ambages les personnalités politiques, exprimant des opinions sur des conflits sociaux et des injustices. En Sicile, leurs spectacles reflétaient la lutte, la tension et le dilemme entre la chrétienté et l'Islam. Au moyen-âge, quand ils ont été chassés de l'église, ils sont passés à la rue d'où ils l'ont critiquée.

6. Pulchinello during first appearance in England in 1662/Pulchinello pendant sa première production en Angleterre en 1662, From/de Currell, pg 39

11

THE UNIVERSALITY OF PUPPETS

The Puppet Characters

Puppet characters are the essence of puppet theatre and reflect a society's behaviours, customs and beliefs.   Some of them have become classics, such as: Pulchinella and Harlequin - Italy; Karagöz - Turkey; Punch and Judy - England; Petrushka - Russia; Herring - Holland; Casper - Germany; Don Christobal - Spain; Orlando - Sicily; Chanchez - Belgium; Guignol - France; Lazlow - Hungary and Basilasche - Rumania. Usually, they were drawn from literature, both oral and written, stories, local legends, folktales and myths, with a narration of improvised or written story lines. Often, the dramatic elements were enhanced by music, singing and lighting.

A character would be dressed appropriately and placed in a suitable setting. A king wore a crown and sat on a throne in his palace, a warrior was armed and on a battlefield, a fisherman would have fishing nets and be in a boat, a hunter would carry hunting gear in a forest.

Most characters leave room for adaptation from one culture to another. For instance, Pulchinella appeared in Italy with the commedia dell' arte early in the 17th century. Italian puppeteers introduced him in their travels and he was incorporated in native plays, in France as Polichinelle, in England as Punch, in Russia as Petrushka. Punch was later joined by Judy and the two reached as far as North America, South Africa and Australia. Similar travels exported the Turkish character Karagöz to the Middle East and North Africa. A similar migration of characters exists in various African societies as well.

Characters are chosen to fit the "lesson" the play is to convey. An educational message of historical value is delivered by a hero or warrior; social criticism by a judge, spiritual leader or clown; a religious message by a priest, magician, sorcerer or god and one concerning social control by a king, chief or ruler.

The hidden identity of the puppeteers protects them and gives them a "freedom of expression" that live actors do not enjoy. They freely criticise political figures - expressing opinions on social conflicts and injustices. In Sicily, puppet shows reflected the struggle, tension and dilemma between Christianity and Islam. In the Middle Ages, when puppeteers were banned from the church, they took to the streets and criticised it.

7. Lizilianische marionette Tenfel/ marionnette Tenfel Lizilianische XIXth century/XIXe siècle Münchner Stadmuseum Puppentheatersammlung Munich

L'UNIVERSALITÉ DES MARIONNETTES

La marionnette comme métaphore et inspiration

La grande estime que l'on portait aux marionnettes dépassait leurs représentations. Des artistes de toutes les disciplines s'en sont inspirés, se servant de leur art pour créer des marionnettes et des spectacles.

> Platon, Aristote, Horace et le satiriste, Persius Flaccus, se livrent à des métaphores et comparaisons sur le manque de liberté des humains qui ne sont que marionnettes entre les mains des dieux. (Bohmer, 7)

Omar Kayam, le poète-philosophe iranien du 11e siècle, comparait l'homme à une marionnette et son existence à celle du manipulateur. Les contes de Hans Christian Anderson ont été adaptés au théâtre de marionnettes. Auteurs, philosophes et dramaturges, tels Shakespeare, Goëthe, George Bernard Shaw et George Sand, ont tous traité des marionnettes et de leurs spectacles. Haydn, Mozart, Stravinsky et Carlo Menotti ont contribué à des spectacles de marionnettes.

De tous temps, l'unicité des mouvements d'une marionnette a intrigué et mis les danseurs au défi. En Birmanie, leur talent se mesure encore par leur aptitude à se mouvoir telle une marionnette et les danseurs indiens disent que le "danseur devrait agir comme une marionnette à fils."

> Comme le manipulateur avec son fil ou sa ficelle n'a rien d'autre que cela comme pouvoir, le reste des membres sont, comme il se doit, morts, pendants et tombent sous l'emprise de la gravité - une excellente qualité que l'on recherche en vain chez la plupart de nos danseurs. (Sachs, 47)

Depuis le 19e siècle, le répertoire de beaucoup de troupes de ballet, choréographes et danseurs comprend des personnages et thèmes de marionnettes, et des peintres européens des 16e au 19e siècle ont décrit des spectacles de marionnettes. Au 20e siècle, des artistes, dont Picasso et Paul Klee, ont été intrigués et inspirés par les marionnettes et ont créé du matériel pour leurs spectacles.

La marionnette comme métaphore de critique sert constamment aujourd'hui. Récemment, on a décrit l'ayatollah Khomeini comme un marionnettiste manipulant Salman Rushdie, l'auteur des Vers Sataniques, et la liberté d'expression. En même temps, des spectacles de marionnettes en Afrique du Sud transmettent des messages politiques, dont la critique de l'apartheid, qu'une presse muselée ne peut véhiculer.

Le théâtre des marionnettes en Afrique noire, à l'encontre de celui des sociétés occidentales, possède encore un rôle social comme instrument non seulement de critique sociale, mais aussi de contrepoids entre les tensions personnelles et communales, comme moyen de contrôle, d'éducation et de rehaussement des valeurs morales, ainsi que comme divertissement.

8. Old time marionette clown/marionnette ancienne de clown XVIIIth century/ XVIIIe siècle Münchner Stadmuseum Puppentheatersammlung Munich

13

THE UNIVERSALITY OF PUPPETS

The Puppet as Metaphor and Inspiration

The high esteem in which puppets were held did not end with the performance. Artists of all disciplines were inspired and influenced, often creating and adapting their art form for puppets and puppet shows.

> Plato, Aristotle, Horace and the satirist, Persius Flaccus, indulge in metaphors and similes about the lack of liberty of human beings who are only marionettes in the hands of gods. (Bohmer, 7)

Omar Kayam, the 11th century Iranian poet-philosopher, compared man to a puppet and his existence to the manipulator. The stories of Hans Christian Anderson were adapted for puppet theatre. Authors, philosophers and playwrights like Shakespeare, Goëthe, George Bernard Shaw and George Sand referred to puppets and puppet shows in their writing. Hayden, Mozart, Stravinsky and Carlo Menotti wrote music for puppet shows.

Dancers were always intrigued and challenged by the puppet's unique movements. In Burma, a dancer's skill is still measured by his ability to imitate the movements of a marionette and Hindu dancers have a saying that, 'the dancer should be like a puppet on strings.'

> Since the operator with his wire or string plainly has no other point in his power than this, all the rest of the limbs are, as they should be, dead, pure pendula, and follow the simple law of gravity — an excellent quality, which we look for in vain in most of our dancers. (Sachs, 47)

Since the 19th century many ballet troupes, choreographers and dancers have included puppet characters and themes in their repertoires. In Europe, painters from the 16th to the 19th centuries painted numerous puppet shows. Twentieth-century artists like Picasso and Paul Klee were intrigued and inspired by puppets and created material for their shows.

The puppet as a metaphor for criticism is in constant use today. Recently, the Ayatollah Khomeini was described as a puppeteer manipulating Salman Rushdie (author of the Satanic Verses) and freedom of expression as his puppets. Meanwhile, in South Africa, puppets shows pass on political messages, for instance criticism of apartheid, that the muzzled press cannot print.

Puppet theatre in Black Africa, to the contrary of its counterpart in today's western society, still plays a major social role as an instrument not only of social criticism, but also as a balancing force between personal and communal tension, as a means of control, education and enhancement of moral values, and as entertainment.

11. Two puppets/deux
    marionnettes
    c. 1950 David and/
    et Goliath, by/par
    Simcha Schwartz
    Jewish Museum,
    New York

14

LE THÉÂTRE AFRICAIN

Le théâtre de marionnettes n'étant qu'une des facettes du théâtre africain, il importe d'examiner les éléments uniques qui sous-tendent ce dernier, pour mieux déterminer la place des marionnettes.

L'un des éléments essentiels de toute activité de la vie et des arts de l'Afrique est le besoin de jouer. Tout le continent est une scène, ses peuples étant les acteurs qui se produisent pour les esprits, les ancêtres et les divinités, tandis que l'homme et la nature sont enveloppés de rideaux imaginaires en devenir constant.

Le théâtre négro-africain est une forme de commu-nion avec une nature cosmique. En butte aux forces de la nature, l'homme tente d'en faire ses alliés et de démontrer sa supériorité sur elles. Il invente des mythes qui reprennent ses rêves, son désespoir, ses espoirs. Il a fusionné ces symboles populaires en un tout qui respire l'humanité - le théâtre. (Traoré, 64)

13

Le théâtre africain ne connaît pas de fron-tières. Celles qui séparent habituellement la réalité de l'illusion sont mouvantes, le mythe et la vie étant souvent interchangeables. Depuis l'époque des tragédies grecques, un clivage net entre les divers éléments théâtraux et drama-tiques s'est constitué, mais il n'existe pas dans le théâtre traditionnel de l'Afrique noire.

Alors que la **salle de théâtre** occidentale moderne est entourée de murs fixes qui coupent l'auditoire et les acteurs du monde extérieur et limite leur nombre, le théâtre africain a générale-ment lieu dehors sur la place publique, où les spectateurs et acteurs ne sont ni isolés ni limités par le nombre. De plus, la **séparation** entre la **scène** et l'**auditoire** est nette dans le théâtre occidental, tandis qu'en Afrique la scène est circonscrite par le cercle que forme les spec-tateurs et change de taille et de forme selon les déplacements de la foule et des acteurs.

Aujourd'hui, le **rideau** du théâtre occidental sépare la scène des spectateurs et, en s'ouvrant, fait passer le spectateur et l'acteur du réel à l'imaginaire. Dans le théâtre africain tradition-nel il n'y a pas de rideau et l'on assiste à une mouvance constante entre les espaces de l'ac-teur et du spectateur et entre le temps réel et l'imaginaire.

Dans le théâtre occidental, la **durée du spec-tacle** est limitée à deux heures environ, tandis qu'en Afrique traditionnelle elle est flexible et change selon l'humeur des participants et l'habileté des acteurs à stimuler leur auditoire. De plus, la **pièce** occidentale est habituellement bien structurée et l'improvisation n'est générale-ment pas possible à cause des contraintes de temps. En Afrique, l'improvisation prime et il n'y a pas de limites de durée.

L'**éclairage** occidental est artificiel, bien contrôlé et coordonné entre la scène et la salle de théâtre. En Afrique, le théâtre diurne bénéficie de la lumière naturelle, tandis que les spectacles nocturnes sont éclairés par des torches ou des feux qui créent des ombres incroyables en jouant sur les spectateurs et les acteurs.

13. Bobo masquerade/
    mascarade Bobo
    Village: Orodara,
    1960, Burkina Faso

14. Masked dancer/
    danseur masqué
    Village: Fakobli,
    1961, Ivory Coast/
    Côte d'Ivoire

14

THE AFRICAN THEATRE

Since puppet theatre is only one segment of Black African theatre, one must look at the unique elements which characterize African theatre in general to put it in its proper perspective.

The need to play is an essential part of every activity in the life and arts of Africa. All of Africa is a stage, its people are actors performing for spirits, ancestors and gods, and man and nature are encircled by illusionary curtains, constantly in motion.

> The Negro-African theatre is a form of communion with cosmic Nature. Man at war with the forces of nature seeks to make these forces his allies and to prove his supremacy over them. He invents myths in which he recalls his dreams, his despair, his hopes. He has blended these popular symbols into a whole which radiates humanity - the theatre. (Traoré, 64)

African theatre knows no boundaries. The lines which usually divide reality and illusion are constantly shifting, with myth and life often being interchangeable. The clear division between various theatrical and dramatical elements have evolved in western theatre since the time of the Greek tragedies but do not exist in the traditional theatre of Black Africa.

Whereas the modern western **theatre hall** is surrounded by immovable walls which isolate the audience and actors from the outside world and limit their numbers, African theatre usually takes place outdoors in the village square, where spectators and actors are neither isolated nor limited in their numbers. Furthermore, the **demarcation** between the **stage** and the **spectators' space** is well defined in western theatre, while in Africa the stage space is defined by the circle formed by the audience and constantly shifts and changes its size and shape as both the audience and actors move.

The **curtain** in today's western theatre separates the stage and the spectators' spaces and, when opened, transports both from real into illusionary time. In traditional African theatre, curtains do not exist and there is constant interchange between the spaces of actor and spectator, as well as between real and illusionary time.

12. Mossi dancers/
danseurs Mossi
Village: Koudougou,
1960
Burkina Faso

16

LE THÉÂTRE AFRICAIN

Les arts de la scène occidentale comprennent de nombreuses **disciplines** (musique instrumentale et vocale, danse, pièces de théâtre, mime, cirque et opéra). Chacune d'elles a ses sous-catégories de styles ou types. Dans le spectacle africain, toutes les disciplines artistiques sont unifiées, interreliées et intégrées en un tout cohérent.

Dans le théâtre occidental, le contenu et le style de chacune des disciplines s'adressent à des groupes distincts, tels que les enfants ou les adultes, et à des intérêts spécifiques, dont la musique classique, le jazz et la musique pop. Présentement, en Afrique, le spectacle s'adresse à tout le monde, exception faite de certaines cérémonies rituelles et d'initiation, et couvre tous les intérêts.

De plus, le spectacle occidental n'est pas lié à un moment et un endroit spécifiques. A son gré le spectateur en choisi le moment et l'endroit, tandis que la plupart des spectacles ruraux africains sont saisonniers et liés à des moments et lieux spécifiques.

Plusieurs autres facteurs distinguent le théâtre occidental de l'africain. Il y a une **séparation** nette du côté occidental entre des acteurs actifs sur scène et des spectateurs passifs assis dans l'ombre, alors qu'en Afrique acteurs et spectateurs sont sur le même plan, les acteurs devenant spectateurs et ceux-ci prenant une part active à l'événement.

Quand un spectateur occidental s'implique physiquement ou vocalement dans un spectacle, il est considéré non-civilisé, son rôle étant d'être un observateur silencieux, tandis que le spectateur passif en Afrique rurale est soit un étranger, soit ennuyé, dans lequel cas il quittera les lieux.

La performative en Afrique présente les arts comme une animation, l'action et le mouvement étant créés par des gens qui structurent les éléments fréquemment dans un style à réponse, une structure dont certains éléments font contrepoids à d'autres dans un délicat équilibre de tensions. Le temps est conçu comme extensible et élastique, et l'espace est soigneusement délimité. Le spectacle englobe les spectateurs qui deviennent souvent le choeur ou des participants. (Stone, 9)

La flexibilité et l'adaptabilité qui caractérisent si bien la vie et le spectacle en Afrique entraînent une habileté époustouflante à improviser librement quelque soit le contexte théâtral ou dramatique, sans qu'il y ait perte d'identité de la personne ou du groupe.

Relativement isolée, la société rurale traditionnelle n'a pas encore connu la compartimentalisation des arts de la scène. Mais ceci change rapidement, entre autres à cause de la révolution des communications. De nos jours, les arts de la scène africains sont en perpétuel devenir. Afin de cadrer avec le nouveau style de vie, tous les éléments du théâtre sont repensés, y compris celui des marionnettes. C'est un processus difficile qui crée des conflits et des problèmes constants qui font l'objet du prochain chapître.

15

15. Samburu dancers/ danseurs Samburu Northern Kenya/ Nord du Kenya, 1964

16. Kikuyu women dancers who became spectators after their performance/danseuses Kikuyo qui après leur spectacle sont devenues spectatrices, 1964 Kenya

THE AFRICAN THEATRE

In western theatre, the **length of the performance** is limited to about two hours, while in traditional African performance, it is flexible and changes according to the mood of the participants and the actors' ability to excite their audience. Moreover, the **play** in western theatre is usually well structured and, in most cases, free improvisation is not possible due to time constraints. But, in African theatre, improvisation is essential to the play and there are no time limits.

The **lighting** in western theatre is synthetic, well controlled and co-ordinated between stage and house. In African theatre, day performances use natural sunlight, whereas after-dark performances are lit by the moon, torches and fires, which create incredible shadows from both the spectators and the actors.

The western performing arts comprise many **disciplines** (instrumental and vocal music, dance, drama, mime, circus and opera as total theatre), each of which is further divided into styles or types. In African performances, all artistic disciplines are unified, interconnected and interwoven with life as a whole.

Content and style in each of the disciplines in western theatre is directed towards specific age groups, such as children and adults, and interests, of which classical music, jazz and pop music. In Africa today, performance is aimed at all ages, except for some ritual and initiation ceremonies, and all interests.

Western performance is not connected to any specific time and place. At his convenience, the spectator chooses the time and place of the performance. But, in rural Africa most performances are seasonal and connected to a specific time and place.

A number of other factors set modern western theatre apart from the African one. There is a clear **separation** in western theatre between active actors on stage and passive spectators sitting in the dark below, not so in Africa where spectators and actors occupy the same level and often performers become spectators and spectators take a very active part in the total "happening".

In western theatres the physical and vocal involvement of the spectator during a performance is considered uncivilised. Spectators are expected to keep quiet and watch the show. Passive spectators in rural Africa are either foreigners or are bored, and those leave the performance.

> The performative in Africa presents the arts as lively with action and movement created by people who structure parts in a call-and-response fashion frequently, a structure where parts counterbalance other parts in a delicate tension of relationships. Time is conceived as expandable and elastic and space is carefully delineated. The performance is inclusive of audience members who customarily act as chorus or other participants. (Stone, 9)

The **flexibility** and **adaptability** which is so typical in life and performance in Africa has resulted in the amazing ability to freely improvise in all theatrical and dramatical elements without losing either individual or group identity.

The traditional rural society lives in comparative isolation and has not yet experienced the modern compartmentalisation of the performing arts. But this is fast changing, in part because of the communications revolution. Nowadays, performing art in Africa is in a continual state of transformation. In order to suit the way of life today, all theatrical and dramatical elements are being redefined, including puppet theatre. This is a painful process, creating endless conflicts and problems which will be described in the next chapter.

16

LES ARTS DU SPECTACLE AU GABON, 1966

Afin de situer le théâtre des marionnettes dans le contexte des arts du spectacle en Afrique noire, j'estime qu'une expérience unique que j'ai vécue il y a un quart de siècle mérite attention. A mon avis, il s'agit d'un microcosme de tous les types d'arts du spectacle en Afrique.

En 1966, j'ai eu la grande chance d'être invitée par Léon M'ba, le président du Gabon, à organiser le segment des danses folkloriques des fêtes de la Journée de l'Indépendance à Libreville. Il pensait que d'amener des gens des villages à la ville s'avérerait un excellent échange culturel et un acte d'unité nationale. Mon rôle était de voir à ce que des danseurs des principales ethnies du Gabon participent à ce festival. On m'offrait l'occasion extraordinaire de travailler avec des troupes de danse à travers le pays comme une "initiée" et de voir ce que très peu d'Européens avaient jamais vu.

Evidemment, choisir des danseurs signifiait une virée à travers le pays. Mais, le travail agricole saisonnier battait son plein et il serait difficile de les sortir de leurs coins de pays. Kofi Niaonde, le ministre de la Culture, de la Jeunesse et des Sports, à qui on avait confié l'organisation de ces fêtes, a suggéré que l'on intéresse les gens en offrant aux villages des représentations gratuites par le Théâtre National du Gabon, ce qu'ont allègrement accepté les chefs régionaux en échange de la certitude d'auditions.

Pendant les deux mois menant aux fêtes de l'Indépendance, j'ai assisté à huit types de spectacles: a) danses folkloriques, b) cérémonies rituelles, c) le Théâtre National, d) orchestres locaux e) orchestres étrangers, f) parades militaires et civiles, g) théâtre étranger et h) spectacles itinérants de marionnettes (qui font l'objet du chapître suivant).

a) danses folkloriques Au Gabon, les danses sont des événements villageois populaires pendant des activités familiales, locales et saisonnières. Les chants, rythmes, mélodies et pas de danse sont bien connus. Généralement, les jeunes et les meilleurs danseurs de chaque village forment un groupe de danse, leur nombre croissant selon le degré de participation des villageois.

En deux semaines de déplacements avec le Théâtre National, j'ai visité 27 villages, vu 38 troupes de danse exécuter plus de 400 danses,

très peu d'entre elles se recoupant. En tout, plus de 1,000 danseurs, musiciens et chanteurs ont démontré leurs talents. Quoique tout le monde voulait aller à Libreville, seuls 12 groupes allaient être choisis.

Mon rôle précis, tel que je l'ai lentement découvert, était d'encapsuler des danses représentatives de toutes les régions du Gabon en 30 minutes de spectacle, le reste des deux heures étant réservé à 10 minutes d'allocution du président, 30 minutes de parade militaire, autant de parade civile et 20 minutes pour les orchestres locaux. Quelle occasion, quel casse-tête!

L'aspect le plus exigeant de cette mission était d'allier l'approche traditionnelle africaine du spectacle à celle de l'occident. Par exemple, le concept de répétitions des semaines avant un événement structuré et minuté était complètement étranger à ces danseurs villageois, la répétition chez eux étant simplement l'exercice de réchauffement précédant l'entrée en scène. Mais, comme je ne disposais que de deux semaines, il me fallait m'en tenir à un horaire, une tâche gigantesque lorsque pour une audition de 16 à 18h les participants arrivaient à 18h pour vraiment commencer à 20h. Pour eux, l'heure et l'endroit précis ne comptaient guère, et la durée de la présentation et le nombre de participants étaient variables.

A titre d'exemple, la plupart des danses durent entre 10 et 30 minutes. Dans un festival villageois, la durée n'est pas établie et dépend de l'interraction des danseurs, chanteurs et musiciens. Je trouvais que je commettais une injustice en leur demandant de s'en tenir aux trois minutes prévues pour la Journée de l'Indépendance. Habituellement, les danseurs me croyaient tombée d'une autre planète, et ils avaient raison.

De plus, j'ai souvent eu à me promener entre des villages pour trouver le lieu de la répétition quand les danseurs l'avait changé sans me prévenir. Et de nouveaux danseurs, musiciens et batteurs arrivaient à chaque répétition, modifiant ainsi le nombre des participants. Il pouvait autant y avoir 10 personnes que 60. Parfois, les querelles politiques aidant, on changeait de leader ou encore il ne se présentait pas.

Toutes les troupes de danse avaient un vaste répertoire de chants et de danses, mais je ne pouvais en choisir que quelques-uns, une tâche

PERFORMING ARTS IN GABON, 1966

In order to illustrate puppet theatre in the context of the performing arts in Black Africa, I feel that a unique experience I enjoyed a quarter of a century ago warrants recounting. In my mind, it is a microcosm of all types of performing arts in Africa.

In 1966, I was fortunate enough to be invited by Léon M'ba, president of Gabon, to organize the folk-dance segment of the Independence Day celebrations in Libreville. He believed that bringing people from the villages to the city would be both a great cultural exchange and an act of national unity. My role was to arrange for dancers from the major ethnic groups of Gabon to take part in this festival. I was thus presented with the unbelievable opportunity of working with dance groups throughout the country as an "insider" and of witnessing what few Europeans had seen before.

It was clear that choosing dancers meant touring the country. But seasonal agricultural work was in full swing and tempting dancers away from their homes would prove difficult. Kofi Niaonde, the Minister of Culture, Youth and Sports, was in charge of the Independence Day celebrations and suggested that we should sweeten the deal by offering the villages free performances by the National Theatre of Gabon. The regional chiefs gladly accepted our offer and in exchange guaranteed the "auditions".

During the two months leading to the Independence Day celebrations, I witnessed eight types of performances: a) folk dances, b) ritual ceremonies, c) the National Theatre, d) local music bands, e) imported music bands, f) army and civilian parades, g) foreign theatre and h) travelling puppet shows (the topic of next chapter).

a) Folk dances Folk dances of Gabon are popular events occurring in villages during various family, local and seasonal activities. The songs, rhythms, melodies and dance movements are familiar to all. In most cases, the young and the best dancers of each village form the dancing core, but the numbers increase depending on how many people from the village join in.

Over a period of two weeks on the road with the National Theatre, I visited 27 villages, saw 38 dance groups perform more than 400 dances,

with very little overlapping. In all, more than 1000 dancers, musicians and singers performed. Though everyone wanted to participate in the big event, only 12 groups could be retained.

My exact role, as I discovered bit by bit, was to squeeze representative dances from all regions of Gabon into 30 minutes, the rest of the two-hour celebrations having been allocated to a 10-minute speech by the president, a 30-minute army parade, a 30-minute civilian parade and a 20-minute segment for local music bands. What an opportunity, what a headache!

The most demanding part of this assignment was to blend traditional African and Western approaches to the performing arts. For instance, the concept of rehearsal weeks ahead of a structured and timed event was completely foreign to the village dancers since for them a rehearsal was simply a warm-up exercise a few hours before the performance. As I had only two weeks to carry my assignment through, I had to try to keep to a schedule, a monumental task when for a 4 to 6 p.m. rehearsal, prospective participants would show up around 6 p.m. and start rehearsing two hours later. For them, precise time and location did not mean much, and the duration of perform-

18. Léon M'ba (l./g.) President/président During Independence Day celebrations/pendant les fêtes de la journée de l'Indépendance, 1966 Gabon

19. Civilian parade and dancers/parade civile et danseurs Independance Day celebrations/fêtes de la journée de l'indépendance, 1966 Gabon

LES ARTS DU SPECTACLE AU GABON, 1966

qui s'accompagnait de discussions et souvent d'arguments avec les chefs et les danseurs.

Nous avons tous beaucoup appris. Il nous a fallu s'adapter les uns aux autres pour réussir à mouler la tradition aux exigences de la vie moderne. Du moins, c'était ce que nous pensions.

Une semaine avant le grand événement, j'ai appris que trois groupes ne seraient pas de la partie. Niaonde a décidé alors de les remplacer par 30 garçons et 30 filles d'une école primaire de Libreville. Comme le proviseur refusait de faire le tri, 200 élèves répétaient. De plus, comme tous les parents voulaient que leurs enfants participent, 300 élèves se sont présentés au spectacle comme tel.

Pendant les dernières répétitions avant les départs pour Libreville, la participation a chuté dramatiquement, ce qui me préoccupait, mais pas Niaonde. Trois jours avant les fêtes, 10 camions sont partis chercher les participants dans leurs villages et, miraculeusement, 24 sont revenus surchargés aux écoles qui servaient de dortoirs. Plusieurs chefs s'étaient loué des camions. Plutôt que les 300 danseurs attendus, c'est plus d'un millier qui sont arrivés, avec amis et parents qui tous voulaient participer aux célébrations. Niaonde, maître-improvisateur, a eu vite fait d'ordonner que deux écoles soient ouvertes pour les loger. Mais, il a déclaré que le

budget ne prévoyant que 300 personnes les gens auraient à s'occuper de leur propre nourriture.

La veille de la Journée de l'Indépendance, nous avons été autorisés à répéter sur le terrain de football. Plus de 1,000 personnes sont arrivées en pleine tenue d'apparat. A ma grande joie, tous étaient bien disciplinés et l'intervention de Niaonde aidant la durée du spectacle a été ramenée à une heure seulement. Quoique d'aucuns se plaignaient du manque de nourriture et de boisson, tous ont quitté le terrain de jeu le moral bien haut, dansant, chantant et jouant de la musique en retournant à leurs écoles. Chemin faisant, un millier de spectateurs les ont suivis et tous ont continué à fêter jusqu'aux petites heures.

Journée de l'Indépendance

Le grand spectacle devait commencer à 16h le 16 août 1966. Néanmoins, depuis le matin les participants, y compris les danseurs et les fanfares s'amenaient sur le terrain de football. A 15h, les gradins étaient pleins à craquer. Les danseurs avaient commencé à se réchauffer à midi et étaient plus de 1,500. Nombre d'entre eux avaient passé la nuit chez des parents à Libreville et les avaient convaincus de se joindre à eux. A 15h30, les dignitaires et le corps diplomatique se sont amenés et le président Léon M'ba a fait son entrée (voir 18). Pendant les parades militaires et civiles qui ont immédiatement suivi son allocution, les danseurs étaient au faîte de leurs réjouissances. Quand ils ont enfin mis pied sur le terrain de football, une heure derrière l'horaire, ils ont été accueillis par des appaudissements nourris. Pendant leur finale, ils se sont répandus sur tout le terrain et des centaines de gens ont quitté les gradins pour se joindre à eux. Le spectacle qui devait se terminer à 18h s'est poursuivi toute la soirée durant et a envahi les rues. Le président avait eu raison. Cet événement phénoménal était non seulement enlevant, mais aussi une activité culturelle à la mesure de l'unité nationale. Quoique le travail s'est avéré fort

17. Masked dancer, Libreville/danseur masqué, Libreville Independence Day/ Journée de l'Indépendance, 1966 Gabon

ances and the composition of the cast were flexible.

To illustrate this point, most dances last between 10 and 30 minutes. At a normal village festival, the length of each dance is unlimited and depends on the constant interaction of dancers, singers and musicians. I felt I was committing an injustice by asking them to reduce the length of their dance to the three-minute allotment for the Independence Day performance. In most cases, the dancers believed I was a creature from another planet and I wholeheartedly agreed with them.

Furthermore, I found myself time and time again driving between villages to find the rehearsal place, when the dancers had changed the venue without telling me. Furthermore, new dancers, musicians and drummers would appear at every rehearsal and their numbers would change as well. I could have 10 people, just as well as 60. At times, because of political infighting, group leaders would change, or not show up at all.

All of the dance groups had large song and dance repertories. But I could only select a few, a task that was accomplished through discussions, and often arguments, with the leaders and dancers.

It was a learning experience for all. We had to adapt to each other to succeed in molding traditional behaviour to the exacting requirements of modern life. Or so we all thought.

One week before the big event, I learned that three groups would not participate. Niaonde decided to replace them with 30 girls and 30 boys from an elementary school in Libreville. The children's rehearsals at school included about 200 pupils as the principal refused to choose only 60. But since all the parents wanted their children to participate, 300 children showed up for the actual performance.

During the last rehearsals before the departure for Libreville, attendance dropped dramatically, which worried me, but not Niaonde. Three days before the performance, 10 trucks were sent out to pick up the dancers from various villages and miraculously 24 overloaded ones came back to the schools which were being used as makeshift hotels. Many chiefs had rented trucks at their own expense. Instead of the 300 dancers ex-

pected, more than 1000 showed up, accompanied by friends and family who all wanted to take part in the celebrations. Niaonde, in his stunning ability to improvise, ordered two more schools to be prepared to house the overflow. However, he told them that since his budget called for 300 people, they would have to take care of their own food.

On the eve of Independence Day we were permitted to use the soccer field for the day. More than 1,000 people arrived in full regalia. Much to my delight, they were well disciplined and, thanks to the active involvement of Niaonde, the actual performance time was reduced to only one hour. Although some of them were complaining about the lack of food and drinks, they left the field that day in high spirits, dancing, singing and playing music on their way back to the schools. By the time they had reached the school, they had succeeded in attracting an audience of about 1,000 people and continued their partying into the early hours.

Independence Day

The big performance was supposed to start at 4 p.m. on August 16, 1966. Yet, since early in the morning the performers, including the dancers and the army, civilian and music bands began to gather behind the soccer field. By 3 p.m. the tiers were overflowing. The dancers had begun their warm-up at midday and their numbers grew to more than 1,500 people. Many of them had spent the night with relatives in Libreville and convinced them to join the festivities. At 3:30, the dignitaries and diplomatic corps began to arrive. At 4:15, the President, Léon M'ba arrived (see 18). During the army and civilian parades, which immediately followed his speech, the dancers were at the height of their festivities. When they finally entered the soccer field, one hour behind schedule, they were greeted with wild cheers from the audience. During the finale, they were spread out around the entire field and hundreds of people from the audience ran down to join them. The performance which was supposed to end at 6 p.m. continued through the evening and moved onto the streets. It was an incredible sight to behold. The President was right. This phenomenal event was not only exciting, but a cultural event worthy of repre-

LES ARTS DU SPECTACLE AU GABON, 1966

laborieux, le résultat en valait la chandelle. C'était un happening et les concepts modernes de temps et de lieu ont été mis au rancard.

b) Cérémonies rituelles Pendant ma recherche de troupes de danse dans 27 villages, j'ai bien noté une faible participation dans une douzaine de cas. Les chefs locaux ont expliqué que notre visite coincidait avec des cérémonies rituelles, ce qui empêchait de nombreux danseurs et musiciens de se présenter aux auditions. Dans trois villages, j'ai eu la chance d'assister à des cérémonies rituelles parce que Kofi Niaonde était de la parenté des chefs. Il s'agissait de cérémonies funéraires Punu avec des danseurs masqués.

Ma suggestion que ces danseurs participent aux fêtes de l'Indépendance a été rejetée complètement, certains anciens se disant outrés qu'elle ait même été faite. La différence entre ces danses rituelles et les danses folkloriques est que les premières sont fortement liées à un moment et un endroit précis, sont considérées comme sacrées et secrètes, et incarnent beaucoup de puissance spirituelle. Elles sont exécutées par des danseurs-prêtres de formation spéciale, après des cérémonies de purification qui comportent souvent des sacrifices d'animaux, et sont toujours présentées devant un auditoire mâle restreint de membres appartenant à une société secrète.

c) Le Théâtre National du Gabon Le Théâtre National du Gabon a été fondé en 1965 par Kofi Niaonde qui en était directeur général, dramaturge, pater familias et psychologue, avec un budget de $100 par mois pour toutes les dépenses, dont les costumes, les décors et le transport.

En moins d'un an, son répertoire comprenait six pièces que l'on jouait habituellement les fins de semaine au centre culturel français et dans la région de Libreville.

De ses neuf acteurs et trois actrices, agés de 17 à 32 ans, deux étaient batteurs, un musicien polyvalent qui jouait de tous les instruments traditionnels et les autres étaient d'excellents danseurs et acteurs amateurs. Quoiqu'ils travaillaient tous, ils se réunissaient bénévolement quatre fois la semaine, pour deux pratiques et deux représentations.

Pendant la tournée de deux semaines seuls cinq ont pu s'absenter de leur travail ou, dans le cas des femmes obtenir la permission de leur famille ou mari. Nous voyagions tous dans un camion qui servait à la fois de scène et de dortoir pour les acteurs. En tout, ils se sont produits 22 fois dans 16 villages, présentant trois pièces traitant de crime et de châtiment: un cocu, un mari infidèle et un commerçant tricheur.

La pièce présentée dans le village de Mangi concernait un mari infidèle et sa femme qui exigeait juste compensation. Les juges ont condamné le mari à une forte amende, ce qui a irrité les spectateurs mâles, particulièrement les anciens, pour deux raisons. D'abord, le rôle de la femme était joué par un homme, ensuite l'amende était trop forte. Ils ont insisté à rencontrer Niaonde, le ministre de la Culture, pour en discuter. Il m'a dit plus tard qu'ils voulaient que l'amende soit réduite, autrement leurs femmes pourraient exiger des dédommagements plus subtantiels dans des circonstances semblables.

d) Orchestres locaux Nous avons renconré une demi-douzaine de groupes de musiciens. Ils jouaient surtout des instruments occidentaux, ainsi que des instruments traditionnels et présentaient un mélange de jazz, de chants locaux et de mélodies dans des boites de nuit et lors de fêtes familiales, principalement à Libreville.

e) Orchestres importés Pendant une visite au village d'Albert Schweitzer à Lambarene, un orchestre congolais jouait un mélange de chants congolais et locaux avec des instruments traditionnels et modernes - un amalgame enlevant de jazz, highlight et musique traditionnelle.

f) Parades militaires et civiles Les parades militaires et civiles sont de la plupart des fêtes d'indépendance africaines. Elles représentent le contrôle du régime de l'heure et sont vues comme un symbole d'unité nationale. La parade militaire à Libreville comprenait toutes les fanfares des unités de l'armée, la parade civile des gens représentant des institutions gouvernementales et civiles, infirmières, enseignants, travailleurs, coopératives agricoles et associations.

g) Théâtre étranger Une petite troupe française avait été invitée par le consultat français à présenter des pièces de Molière au centre culturel français à Libreville. L'auditoire se composait d'intellectuels noirs et blancs.

senting national unity. Although it was an incredibly laborious process, the end result was more than worth it. It was a happening and modern concepts of time and place took a back seat.

b) Ritual ceremonies During my quest for dance groups in 27 villages, I found that a dozen of them drew little participation. Local chiefs explained that our visit coincided with ritual ceremonies which were keeping many dancers and musicians away from the auditions. In three villages, I was able to witness some, because Kofi Niaonde was a relative of the chiefs. They were all Punu funerary ceremonies and involved masked dancers.

My suggestion that these dancers be included in the Independence Day celebrations met with total rejection and some elders were offended that I had even dared to propose the idea. The difference between those ritual dances and popular folk dances is that the former are strongly connected to a specific time and place, considered as sacred and secret, and embody high levels of spiritual power. They are danced by priest dancers who undergo special training and purification ceremonies which often contain animal sacrifices and are always performed in front of a select male audience whose members belong to a secret society.

c) The National Theatre of Gabon The National Theatre of Gabon was founded in 1965 by Kofi Niaonde who was everything from general manager and playwright to father figure and psychologist, with a $100 per month budget for all expenses, including costumes, props and transportation. Within a year, the repertoire included six plays which were usually performed on weekends at the French cultural centre and in the Libreville area.

Of its nine actor and three actresses, aged between 17 and 32, two were drummers, one a musician who could play all traditional instruments, and the rest were excellent dancers and amateur actors. Though all had day jobs, they met four times a week on a volunteer basis, twice to rehearse, twice to perform.

For the two-week tour, only five could get time off from their jobs or, in the case of women, permission from family or husband to join the tour. We all travelled in a truck, which served also as stage and sleeping quarters for the performers. Overall, they gave 22 performances in 16 villages, presenting three plays dealing with crime and punishment: a cuckold, an unfaithful husband and a cheating trader.

The play staged in the village of Mangi concerned an unfaithful husband and his wife who demanded fair compensation. The judges condemned the husband to a stiff fine, which angered the male spectators, particularly the elders, for two reasons. First, the role of the woman was played by a man, second the hefty fine was unjust. They insisted on meeting Niaonde, the Minister of Culture, to discuss this matter. He later told me that they wanted the price of compensation lowered because it might influence their own women to demand higher settlements in similar circumstances.

d) Local music bands Half a dozen small groups of musicians and singers were met. They played mostly western instruments, as well as traditional drums and their music was a mixture of jazz and local songs and melodies which they played in night clubs and at family celebrations, particularly in Libreville.

e) Imported bands While visiting the Albert Schweitzer village in Lambarene, a music band from Congo was playing a mixture of Congolese and local songs, accompanied by traditional and modern instruments - an exciting combination of jazz, highlight and traditional music.

f) Army and civilian parades Army and civilian parades are common on most African independence day celebrations. They represent the control of the ruling regime and are seen as a symbol of national unity. The army parade in Libreville included all army units and military bands. The civilian one included people representing civilian and government institutions, nurses, teachers, workers, agricultural co-operatives and associations.

g) Foreign theatre A small French theatre troupe was invited by the French Consulate to perform a few of Molière's plays in the French cultural centre in Libreville. The audience was made up of black and white intellectuals.

UN SPECTACLE DE MARIONNETTES AU GABON

Pendant ces deux semaines d'audition de troupes de danseurs gabonais, j'ai vu bien plus que des danses folkloriques. J'ai surtout découvert des théâtres de marionnettes libres d'influence occidentale se produisant dans la forêt pour des villageois.

Tard l'après-midi du 24 juillet 1966, nous nous attendions à être reçus par une foule au village Mokambi, mais il était désert. Furieux, Kofi Niaonde s'est mis à klaxonner, ce qui a attiré le chef du village en quelques minutes. Il s'est excusé, expliquant que deux artistes avec des personnages sculptés se produisaient en forêt entre deux villages et que tout le monde y était.

Pendant qu'il nous y escortait le long d'un sentier étroit à travers une végétation luxuriante, aux chants d'oiseaux et de cascades se mêlaient graduellement rires, cris et applaudissements. Dans une clairière, quelques centaines d'hommes, femmes et enfants formaient un demi cercle devant la scène. Des chèvres, poulets, canards et cochons circulaient parmi eux. Il faisait chaud et humide, les mouches et les moustiques ajoutaient à la symphonie de bruits. Les spectateurs se trouvaient à quelques mètres d'une scène faite de trois vieilles couvertures en lambeaux tendues entre des arbres pour former un "U" derrière lequel s'animaient les marionnettistes. Chose étonnante, une trentaine de garçons et filles regardaient le spectacle de derrière et parfois aidaient les artistes à changer de marionnettes.

Nous sommes arrivés à temps pour la dernière de cinq pièces, d'une durée de 15 minutes.

La pièce de marionnettes - Le vendeur et la femme du chef Elle comportait sept marionnettes représentant deux femmes, la femme du chef, un vendeur de perles, le chef du village et deux vieux juges. Les sept figures étaient des marottes faites d'un seul morceau de bois, surmontées d'une tête sculptée et habillées de tissu coloré fixé au cou. N'étant que deux, les marionnettistes n'en manipulaient que quatre à la fois.

C'était l'histoire d'un vendeur de perles qui cherche à vendre ses marchandises aux femmes du village. Attiré par la femme du chef, il lui offre de choisir un collier de perles comme cadeau. Puis il l'entreprend et elle l'invite dans sa hutte. Soudainement, pendant qu'ils font l'amour, le chef arrive. Le marchand tente de s'enfuir mais le chef le rattrape et le traîne ainsi que sa femme devant les juges. Après une longue dispute avec sa femme qui se plaint de son impuissance et de son manque de propreté, les juges décident qu'elle doit être punie en la retournant à sa famille et que le marchand doit compenser le chef par une forte somme d'argent.

Le dialogue entre les personnages était narré par les marionnettistes qui avaient déguisé leur voix et se cachaient derrière les couvertures.

La réaction des spectateurs était à la fois physique et vocale - ils ne tenaient pas en place. Après chaque bout de phrase ou mouvement, ils avaient quelque chose à dire. L'auditoire s'était divisé en deux camps, pour ou contre le marchand. Alors que d'aucuns prenaient le chef en pitié, d'autres riaient de son impuissance. Lorsque sa femme a invité le vendeur dans sa hutte, l'auditoire s'est mis à crier, puis lorsque le couple est passé aux ébats, d'aucuns y allaient de leurs conseils... "Résiste à la tentation, ton mari va découvrir ton infidélité". Une vieille femme a dit à la femme que si elle continuait elle serait punie. Les hommes prenaient le parti du vendeur et l'encourageaient en disant "Tant mieux pour toi". Lorsque le mari est revenu, les rires, les cris et la discussion ont pris de l'ampleur. Puis quand les juges ont rendu leurs sentences, le public a clâmé ses conseils.."elle devrait être battue", "elle devrait être tuée" ou "tout le monde le fait, pourquoi donc devrait-elle être punie?"

Je suis allée voir les marionnettistes pendant qu'ils emballaient leur matériel. Ils m'ont dit qu'ils étaient natifs du Gabon, mais vivaient au Congo. Parfois, lorsqu'ils visitaient leur parenté, ils apportaient leurs marionnettes (qui avaient été commandées d'un sculpteur congolais) et donnaient des spectacles. Tous deux diplômés de l'école primaire, ils parlaient français et cinq des dialectes locaux. Ceci les limitait évidemment aux régions dont ils connaissaient la langue. Leur répertoire comprenait 10 histoires tirées de la vie quotidienne. Comme plusieurs d'entre elles traitaient de l'adultère, il y avait matière à controverse et tension. Il leur était arrivé de se faire expulser parce que le chef du village n'était pas dépeint sous un jour favorable. Après leur performance, des gens s'avançaient pour jeter quelques pièces de monnaie à leurs pieds, puis

A PUPPET SHOW IN GABON

During these two weeks spent auditioning for Gabonese dance groups, I witnessed more than folk dances. Above all, I discovered puppet shows which were free of western influence and were performed in the forests for villagers.

Late afternoon on July 24, 1966, upon arriving at Mokambi village, we expected to be welcomed by a large turnout, but found the place deserted. Kofi Niaonde was furious and started to honk the horn, which brought the village chief over a few minutes later. He apologised, explaining that two performers with "sculpted figures" were performing in the forest between two villages and everybody had gone to see them.

He offered to show us the way and while walking down a narrow path through the dense forest jungle we heard, in addition to the birds and the waterfalls, laughter, cheers and applause. In a clearing, a few hundred men, women and children stood in a half circle facing the stage. Goats, chickens, ducks and pigs grazed around them. It was a very hot and humid day and the symphony of sounds was "enriched" by millions of flies and mosquitos. The spectators stood a few metres away from the "stage" which was made up of three tattered blankets spanned between some trees to create a "U" shape behind which stood the puppeteers. Interestingly enough, a group of about thirty seated boys and girls watched the puppeteers from "backstage". Sometimes they would lend them hand when they were changing puppets.

The 15-minute play we saw was the last of five performed.

The Puppet Play - The Trader and the Chief's Wife There were seven puppets in the play, representing two women, the chief's young wife, a bead trader, the village chief and two old judges. All seven puppets were stick type, carved from a single piece of wood, with a carved head on top, and wore dresses made from colourful material attached to the neck. Since there were only two puppeteers, only four puppets could be used at any given time.

The story concerned a bead trader who came to sell his wares to the village women. He was attracted to the chief's wife, offered her to choose a strand of beads as a present and began to woo her. She invited him to her hut and while they were making love her husband, the village chief, suddenly appeared. While the trader was trying to escape, the chief caught him and took him and his wife to be judged and punished. After a long argument with the wife who was complaining about her husband's impotence and lack of cleanliness the judges decided that she should be

Puppet show in Mokambi
Spectacle de marionnettes à Mokambi

UN SPECTACLE DE MARIONNETTES AU GABON

ils se mettaient en route pour le village suivant. La journée où je les ai vus, ils ont récolté cinq dollars, ce qui leur a fort plu, étant donné que dans de nombreux villages ils pouvaient repartir bredouilles.

Ils se sont joints à nous pour la visite du village Mangi. Pendant que nous observions les danses, ils ont monté leur scène entre deux huttes près de la place publique, puis ont présenté l'histoire du vendeur et de la femme du chef. La réaction cette fois a été plus agressive. L'un des anciens s'est précipité sur la couverture en invectivant la femme-marionnette qu'il a poussée vers l'arrière de la scène. Evidemment habitué à ce genre de réaction, son manipulateur l'a ramenée sur scène pour entamer une discussion avec l'ancien, un argument qui a duré 10 minutes environ. Plus tard, la pièce s'est encore étirée lorsqu'un des juges est venu lui expliquer qu'il n'avait pas à s'en faire et qu'elle serait punie sévèrement. Cette fois-ci, après que l'on eu réussi à calmer l'ancien, le jugement a été de la lapider, toute une variante sur la veille. L'implication de l'ancien avait presque triplé la durée de la pièce par rapport à sa version de Mokambi.

Plus tard, un groupe de danseurs est arrivé et les marionnettistes se sont vite intégrés à eux et leur ont emprunté divers accessoires de danse, sans que l'on sache pourquoi. Mais une fois le spectacle des danseurs terminé, les marionnettistes étaient prêts avec une pièce nouvellement improvisée. C'était l'histoire de deux danseurs et deux danseuses qui essayaient de se déjouer pour réussir à gagner un concours de danse. Les accessoires empruntés servaient à caractériser les danseurs. L'un des danseurs a crié "Pourquoi dors-tu?" pointant du doigt un tambourineur qui a pris cela pour un invitation à jouer de ses tambours pour les marionnettes, au grand plaisir des spectateurs.

Cette grande interaction à Mangi entre les spectateurs et les artistes et la fusion spontanée de la danse et de l'art des marionnettes caractérisent l'interaction spontanée et naturelle entre tous les types d'artistes théâtraux et leurs spectateurs en Afrique noire. Quoique unique à cette journée à Mangi, l'interaction et l'improvisation dont j'ai été témoin étaient en fait un microcosme des événements de la journée d'indépendance décrite au chapître précédent.

Puppet show in Mangi
Spectacle de marionnettes à Mangi

A PUPPET SHOW IN GABON

punished and sent back to her family and that the trader should compensate the chief with a large sum of money.

The dialogue between the characters was narrated by the two puppeteers in disguised voices and they manipulated their puppets from behind the blanket screen.

The spectators reacted to this play both physically and vocally - they could not stand still. After almost every narrated word or puppet movement they had something to say. The public was divided into two camps, for or against the trader. Some pitied the old chief, others laughed at his impotence. When the girl invited the trader to her hut the audience started to scream and laugh. When they started to make love some people gave them advice... "Don't give in to your temptation," "your husband will discover your infidelity." An old lady told the young girl that if she were to go through with it she would be punished. The men in the audience were happy for the trader and they encouraged him saying, "Good for you". When the husband arrived, the laughter and screaming and discussion got louder. As the judges pronounced sentence, the public shouted their advice...."she should be beaten," "she should be killed" or, "everybody does what she does, so why should she be punished?"

After the performance I went to see the puppeteers who were busy packing up their wares. They told me that they were both born in Gabon and now lived in the Congo. Occasionally, when visiting their relatives in Gabon, they brought their puppets (which were commissioned from a Congolese sculptor) and performed. Both were elementary school graduates and spoke French, along with five of the local dialects. This limited their range to only those areas whose languages they spoke. Their repertoire included ten short stories drawn from real life events. Because many of them dealt with adultery they created a lot of controversy and tension. At times, a chief would throw them out of the village because they portrayed the character of the chief in a derogatory manner. Following each performance, people would come forward and throw some coins on the ground, after which they would leave for another village. In the performance I saw, they collected about five dollars and were

very happy because in many villages they might not collect anything.

The next day the two puppeteers joined us when we visited Mangi village. While we were busy watching the dances, they set up their stage between two huts near the village square and later performed the play about the trader and the chief's wife. In Mangi the public reacted much more aggressively. One of the elders went straight for the blanket, screamed angrily at the pretty girl puppet and pushed her back throwing her to the rear of the stage. The puppeteer, who was obviously accustomed to this kind of reaction, brought her back to begin a discussion with the angry elder. The argument lasted for about ten minutes. Later it was extended when the puppets of the old judges joined in explaining to the elder that he had nothing to worry about and that her punishment would be severe. This time, when the elder finally calmed down, the judgment for her punishment was to stone her, quite a switch from the previous performance. Due to the old man's involvement, the length of the play in Mangi was nearly triple that in Mokambi.

Later, when a new group of dancers came to Mangi, the puppeteers became friendly with everyone and joined the dancers. No one understood why they borrowed various dance accessories. But when the dancers finished their dance the puppeteers were ready with a newly improvised play. The story concerned two male and two female dancers who were trying to trick each other in order to win a dance contest. The borrowed accessories were used in portraying the dancers' characters, one of which shouted suddenly "Why are you sleeping?" pointing toward a drummer who was among the spectators. He took it as an invitation to join in and play the drums for the puppet dancers, much to the delight of the audience.

This great interaction in Mangi between the spectators and the performers, and the spontaneous blending of puppetry and dance characterize the natural interaction between all types of performers and the spectators in Black African theatre. Although unique to that day in Mangi, the interaction and improvisation I witnessed were but a microcosm of the Independence Day happening described in the preceding chapter.

MARIONNETTES AFRICAINES

De tout temps, les marionnettes ont servi dans le contexte religieux des rites partout en Afrique. Elles transmettent des croyances religieuses et des valeurs morales et sont un grand facteur de cohésion sociale.

Les marionnettes sont une ancienne tradition en Egypte. On a trouvé une marionnette miniature dans une tombe datant de l'époque des Pharaons; on présentait des spectacles de lanterne magique et d'ombres chinoises à Fayoum au 14e siècle. Ghad, 52)

Tout comme les autres types de sculpture africaine de sociétés non lettrées, les marionnettes ont été un moyen essentiel de communication.

Les symboles visuels ou actes symboliques permettent la diffusion et la reformulation d'idées sans l'intermédiaire de mots et servent de réservoirs de signification. Dans les cultures historiquement prélittéraires, ils constituent un corpus d'archives particulièrement important. (Borgatti, 36)

Pendant des siècles, l'information sur les marionnettes ne s'est transmise qu'oralement. On n'a pas encore trouvé de documents anciens écrits par des Africains. Ceci ne veut pas dire qu'il n'y avait pas alors de marionnettes, pas plus que la sculpture africaine ne serait apparue qu'au moment où les Européens l'auraient "découverte". Le fait qu'au moment de la colonisation elles s'affichaient déjà en styles et types innombrables indique qu'elles évoluent depuis de nombreux siècles.

Des plus anciennes descriptions de spectacles de marionnettes faites par des voyageurs Européens du 17e siècle à divers mémoires, essais et travaux récents sur le terrain, tout indique que les marionnettes et masques font partie intégrante du domaine théâtral de nombreuses sociétés de l'Afrique noire et ont joué un rôle important dans le façonnement et le contrôle de l'ordre social. Par leur biais, les héros anciens et les événements historiques ont été préservés pour fins d'éducation et d'enculturation des

Countries represented by puppets in this publication/ Pays représentés par des marionnettes dans ce livre

29

AFRICAN PUPPETS

S ince early times, puppets have been used in a religious context as part of ritual drama throughout Africa. They transmit religious beliefs and moral values and play an enormous role in social cohesion.

Puppets represent an ancient tradition in Egypt. A miniature puppet has been found in a tomb dating from the time of the Pharaohs; magic lanterns, galanty-shows were known at Fayoum from the 14th century. (Ghad, 52)

Puppets, like other types of African sculpture from nonliterate societies, have been an essential means of communication.

Visual symbols or symbolic acts allow ideas to be shared and reformulated without the use of words, and serve as stores of meaning. They form a particularly important body of records in cultures historically nonliterate. (Borgatti, 36)

For centuries, information about puppets was only transferred through oral tradition. As yet, no early documentation written by Africans has been found. This does not in fact mean that puppets did not exist, any more than African sculptures would have started their existence only when "discovered" by Europeans. The fact that endless variations in styles and types of African puppets already existed at the time of colonization leaves no doubt that they have been in use and in a constant process of evolution for centuries in all sculptural forms.

From the earliest descriptions of puppet shows recorded by European travellers during the 17th century to various papers, essays and field work on African puppets in recent years, all information indicates that puppets and masks were integral parts of the traditional theatrical experience of many black African societies and played important roles in shaping social order and control. Through them heroes from the past and historical events are preserved as models, thus ensuring the education and enculturation of the new generations, and the enhancement of group identity.

21. Puppet exhibition/
exposition de
marionnettes
Tribal Arts Gallery,
New York, 1975

30

nouvelles générations et de renforcement de l'identité du groupe.

Leur importance sociale est démontrée par le simple fait qu'elles ont survécu à des siècles de perturbations internes et externes écono-politiques et socio-culturelles: guerres locales, désastres naturels, acceptation de l'Islam ou de la chrétienté et de la colonisation européenne. Malgré tout, elles sont encore d'actualité, quoiqu'elles aient eu à se transformer et à s'adapter à l'ère moderne.

Il semble que les spectacles de marionnettes et les mascarades connaissent un regain de popularité, quoiqu'elles deviennent plus profanes. Aujourd'hui, dans certaines sociétés, les spectacles de marionnettes et de masques font toujours partie du théâtre rituel, ou figurent dans le théâtre semi-rituel ou comme divertissement traditionnel. Dans certaines régions, où l'urbanisation, la modernisation et l'occidentalisation ont pris racine, ils sont passés au théâtre contemporain. Cependant, les marionnettistes et les spectateurs se fient encore aux traditions transmises d'une génération d'artistes et spectateurs à la suivante.

Pour fins de simplicité, les marionnettes africaines d'aujourd'hui peuvent être classées en deux grandes catégories: indigènes (tant traditionnelles que contemporaines) et importées.

Marionnettes indigènes

Faites par des Africans en Afrique, ces marionnettes, tant anciennes que récentes, reflètent une société particulière et son contexte géographique. Elles respirent la dynamique et les changements dramatiques de l'Afrique, du vieux vers le nouveau, du traditionnel vers le contemporain, tandis que des piliers anciens surgissent sous de nouvelles significations, formes et variantes.

Quoiqu'il soit impossible de faire la démarcation entre le traditionnel et le contemporain, on peut établir une distinction entre les **marionnettes traditionnelles indigènes** et les **marionnettes contemporaines indigènes**.

Marionnettes indigènes traditionnelles

A cette catégorie appartiennent celles qui ont servi ou servent encore dans un contexte rituel et ont une signification religieuse. Le rite "unil",

du village Bassar au Togo, que Pawlik a décrit en 1986 en est un excellent exemple (voir 187).

[L'unil est] un objet, poupée ou figurine représentant une morte qui dans la cérémonie rituelle devient le principal acteur des cérémonies...les rites funéraires peuvent être définis comme un drame que le groupe monte pour lui-même...un jeu théâtral, dont l'intrigue et thèmes sont profondément ancrés dans la mémoire collective. La pièce possède ses lieux, acteurs-personnages, décors et son public qui, comme dans le drame antique, saisit toutes les occasions pour intervenir et à qui on peut s'adresser directement. (Pawlik, 16)

Suit une excellente description d'un spectacle malien traditionnel de marionnettes.

L'art des marionnettes sert en Afrique à rehausser les activités civiques et religieuses plutôt que comme simple moyen de divertissement. Dans certains groupes, le théâtre de marionnettes sert à des fins d'instruction, de festivités de la récolte, d'initiation ou de funérailles, et comme commentaires satiriques sur des sujets qui concernent la communauté,

22. Coptic priest/prêtre copte
Shadow puppet/ ombre chinoise
XIVth century/XIVe siècle
Egypt/Egypte
From/de Bohmer, pg 15

AFRICAN PUPPETS

The social importance of puppets is exemplified by the very fact that they have survived centuries of internal and external econo-political and socio-cultural changes (local wars, natural disasters, acceptance of Islam or Christianity and the European colonisation). Despite all this, they have flourished to this day, although they had to change and adapt to the times.

Now, it seems that puppet shows and masquerades are enjoying a renaissance, though they are becoming more secularized. Today, in some societies, mask and puppet shows are still part of a ritual drama, or appear in semi-ritual drama or as traditional entertainment. In some areas, urbanization, modernization and westernization have taken hold and they have become popular contemporary theatre. However, puppeteers and spectators still rely on traditions that have been passed down from one generation of performers and audience to the next.

For sake of simplicity, African puppets today can be divided in two broad categories: indigenous (both traditional and contemporary) and imported.

Indigenous Puppets

Indigenous puppets which are made and used by Africans in Africa reflect a specific society and its geographical environment. This category comprises puppets from both past and present. They reflect the dynamic and dramatic changes in Africa, old to new and traditional to contemporary, while past elements constantly appear in new meanings, shapes and variations.

Though it is impossible to pinpoint where tradition ends and the contemporary begins, a distinction between the **traditional indigenous puppets** and **contemporary indigenous puppets** can be attempted.

Traditional Indigenous

The traditional category is for those who were used and are still in use in a ritual context and have a religious meaning. The "unil" rite which was recorded by Pawlik in '86 in the Bassar village in Togo is a good example (see 187).

[The unil is] an object, doll or figurine representing a dead woman, who with the ritual play becomes the principal actor of the ceremonies...the funeral

rites can be defined as a drama which the group plays for itself...a theatrical game, the plots and themes of which are deeply engraved in the collective memory. The play has its locations, actor-characters, scenic constructions and its public, which, as an antique drama, takes every opportunity to intervene and may be addressed directly. (Pawlik, 16)

An excellent example of an indigenous traditional puppet show from Mali is described below.

The art of puppetry is used in African life to enhance civic and religious activities rather than solely as an entertainment medium. Puppet theatre in some African groups uses the dramatic performances for instruction, in celebration of harvests, initiations or funerals, and as satiric commentaries on topics of concern in the community, individual misbehaviour, or personal eccentricities...While operating a wooden image, puppeteers can safely risk opinions and display conduct normally forbidden to individuals. In the African setting, puppets operate with guidance from the spiritual realm and thus act or speak with extra-human authority. By dramatic portrayals, they are examples for proper behaviour, reinforce accepted customs and tactfully introduce changing values. (Arnoldi, Bamana and Bozo Puppetry, 1 & 2)

Examples of indigenous traditional puppets are scattered throughout Olenka Darkowska-Nidzgorska's writings and come from the great majority of West, Central and East African countries.

Despite the dearth of precise written material on puppets, possibly because most early travellers, such as priests and explorers, did not deem them "serious" art and failed to take notes,

It should not surprise us to find within subsaharan Africa a wealth of folk puppetry forms. Nor should it surprise us that this wealth is largely unexplored, ignored or unknown to outsiders. These riches range from the rudimentary toe puppets made from twigs, feathers, and string to the highly elaborated professional theatrical traditions which must certainly be included among the world's great traditions. (Proschan, The Puppetry Traditions of Africa, 16)

MARIONNETTES AFRICAINES

la mauvaise conduite ou des eccentricités... Pendant qu'ils manipulent une image en bois, les marionnettistes peuvent sans grand danger y aller d'opinions ou de conduite qui sont généralement interdites aux individus. Dans le contexte africain, les marionnettes se fondent sur les conseils du domaine spirituel et ainsi agissent ou parlent avec une autorité extra-humaine. Par leurs représentations, elles deviennent des exemples de conduite, renforcent des coutumes et présentent avec tact des valeurs nouvelles. (Arnoldi, Bamana and Bozo Puppetry, 1 & 2)

On retrouve ici et là dans les écrits d'Olenka Darkowska-Nidzgorska des exemples de marionnettes traditionnelles indigènes provenant de la grande majorité des pays d'Afrique de l'ouest, centrale et de l'est.

Malgré le peu de documentation fouillée sur les marionnettes, possiblement parce que les premiers voyageurs, dont les prêtres et les explorateurs, ne les considéraient pas comme de l'art sérieux et ont omis de prendre des notes,

nous ne devrions pas être surpris de trouver dans l'Afrique sub-saharienne une multitude de variantes de l'art de la marionnette. Pas plus que nous devrions être surpris que cette richesse demeure fondamentalement inexplorée, ignorée ou inconnue des étrangers. Ces richesses vont des marionnettes rudimentaires d'orteil faites de brindilles, plumes et ficelle aux formes traditionnelles élaborées et professionnelles qui appartiennent certainement aux plus grandes traditions mondiales. (Proschan, The Puppetry Traditions of Africa, 16)

Il n'est pas étonnant que de nouvelles découvertes dans ce domaine se fassent régulièrement. Récemment, Rayder Bekker a découvert, pendant qu'il étudiait une sculpture Tsonga, qu'il y avait auparavant un riche théâtre de marionnettes dans la région, tradition qui connaît un regain.

Marionnettes indigènes contemporaines

Cette catégorie comprend les marionnettes des petits groupes de marionnettistes qui tentent de raviver cet art et se produisent principalement sur des scènes de grandes villes, plus ou moins dans la tradition occidentale, où ils présentent des pièces traitant de sujets locaux contemporains. Certains de ces groupes appartiennent à l'UNIMA (Union internationale de la marionnette).

Leur objectif est d'éduquer par le biais du théâtre de marionnettes et ils se produisent un peu partout en: Afrique du Sud, Mali, Côte d'Ivoire, Ghana, Sénégal, Botswana, Burundi, Zaïre, République Centre Africaine et Kenya. Leur théâtre en est un ou le rituel a cédé la place au profane. Comme ils sont plus structurés, leurs frais sont plus élevés et, évidemment, le public doit venir à eux. La plupart de ces marionnettistes arrivent à peine à rejoindre les deux bouts et l'un de leurs problèmes est d'obtenir suffisamment de financement des divers ministères de la culture.

Parmi les troupes les plus connues se trouvent la Little Marionette Company, d'Afrique du Sud; le National Popular Theatre, du Botswana; Kwagh-Hir, du Nigeria; la Troupe de la Savane, du Burundi; le Théâtre Ki-Yi-Mbock, d'Abidjan, et le Théâtre de Marionnettes Themaz, du Zaïre. Ces trois derniers ont été fondés pendant les années 1980.

Marionnettes importées

Ce sont probablement les envahisseurs grecs, romains et, certainement, turcs qui ont introduit les marionnettes en Afrique du nord. Le long des rives de la Méditerranée, les personnages turcs ont été adoptés il y a des siècles, particulièrement "Karagheuz" ou "Yeux noirs" qui s'est intégré aux sociétés islamiques et qui égaye encore les enfants et jeûneurs égyptiens, tunisiens et algériens pendant le Ramadan.

Dans les pièces de Karagheuz, le thème est toujours le même: ce sont

les aventures de Karagheuz qui ment, vole, roule et trompe constamment et qui se spécialise dans l'appropriation par artifice ce qu'il ne peut se procurer avec l'argent qu'il n'a pas. Sous cet angle, son objectif social est de donner au spectateur une sorte de revenche vicariante sur l'autorité et sur l'injustice réelle ou présumée. (Chesnais, 448)

Au 19e siècle, des traditions de marionnettes d'inspiration européenne ont pris racine en Afrique du Sud à mesure que des marionnettistes européens se sont produits au Cap. Les personnages de Punch et de Judy y ont été introduits et sont devenus Puns en Doedie. Récemment,

AFRICAN PUPPETS

Not surprisingly, the fairly recent interest in this branch of puppetry has led to numerous discoveries. Recently, Rayder Bekker learned, while researching a sculpture made by the Tsonga people, that a thriving puppet theatre used to exist in the area and was being revived.

Contemporary Indigenous Puppets

To the contemporary category belong those puppets that are used by small groups of puppeteers who try to revive this art and mainly perform on theatre stages, more or less in a conventional western manner, in large cities with plays of local contemporary interest. Some of these groups belong to UNIMA (Union internationale de la marionnette).

Their aim is to educate through a theatrical puppet show and they can be found in various cities in South Africa, Mali, Ivory Coast, Ghana, Senegal, Botswana, Burundi, Zaïre, Central African Republic, and Kenya. Theirs is a puppet theatre where the ritual drama has given place to secular drama. Since their structure is more formalised, they incur greater expenses and, of course, often need a public that will come to them. Most organised puppeteers are struggling to survive and one of the problems they face is the securing of financial backing from the various culture ministries.

Some of the better-known puppet companies are The Little Marionette Company, from South Africa; the National Popular Theatre of Botswana; Kwagh-Hir from Nigeria; Troupe de la Savane from Burundi; Ki-Yi-Mbock Theatre in Abidjan and the Themaz Puppet Theatre from Zaire. The latter three were founded in the 1980s.

Imported Puppets

Foreign puppets were probably introduced to North Africa by ancient Greek, Roman invaders and, without a doubt, the Turks. Along the Mediterranean, Turkish puppet characters took hold centuries ago, in particular "Karagheuz" or "Dark Eyes" who was adopted by the Islamic societies and is still entertaining Egyptian, Tunisian and Algerian school children and fasters during Ramadan.

The plays featuring Karagheuz always have the same theme:

the adventure of Karagheuz who lies, steals, swindles and deceives on every hand and who specialises in appropriating by wile what he can not buy with the money he does not possess. Viewed from this angle, its social objective is to afford the spectator a sort of vicarious revenge on Authority and on real or supposed injustice. (Chesnais, 448)

23. Bamana puppet show/théâtre de marionnettes
    Bamana
    Kònìòbla, region of/ région de Kati
    Male and female Merins
    Mérins mâle et femelle
    Musée National, Bamako, Mali

MARIONNETTES AFRICAINES

24. Njaki puppet/
marionnette Njaki
By/par Nicholas
Kgothi
National Museum,
Monuments and Art
Gaborone, Botswana

Gary Friedman, de la Royal Puppet Company, les a remis en scène. Chefs d'état et politiciens locaux, tels que P.W. Botha, Desmond Tutu, Margaret Thatcher et autres sont représentés, et on peut s'attendre à ce que Nelson Mandela les rejoigne comme homme libre.

Pendant la période de colonisation, missionnaires, éducateurs et marionnettistes de pays européens ont tenté d'introduire l'art européen de la marionnette dans divers pays africains. Entre 1940 et 1945, au Congo et au Zaïre, les missionnaires ont amusé les auditoires africains avec un immense succès. A. Weiss, de Lyon, s'est rendu au Sénégal et y a présenté Guignol, un personnage français. Ces exemples d'importation, et bien d'autres, n'ont connu de succès que pendant que leurs marionnettistes européens les manipulaient. Après leur départ, ce théâtre est mort.

Un des cas plus récents d'importation de marionnettistes et de leurs pièces est celui du théâtre de marionnettes au Caire en mars 1959. En 1966, quelque 100 personnes y travaillaient, dont

37 acteurs, 10 réalisateurs et deux décorateurs. En 1958, deux marionnettistes du théâtre Tandarica de Roumanie ont été invités par le ministère de la Culture à aider à mettre ce théâtre sur pied. Avec eux sont arrivées une nouvelle technologie et de nouvelles méthodes de création de marionnettes. Les pièces présentées se fondaient sur des sujets traditionnels, dont la "Fille du sultan" et "Hussein le Grand". L'une des pièces produites à cette époque s'intitulait "l'Admirable petite fille", une histoire tirée d'un conte de fée roumain qui a été traduite en arabe et présentée au Caire. Son thème porte sur la justice sociale. (Ghad, 52)

Aujourd'hui, les spectacles de marionnettes de divers contrées européennes et des Etats-Unis sont souvent présentés, surtout à la télévision. Au Nigeria, j'ai vu le Sesame Street de Jim Henson et au Togo un spectacle français de marionnettes à la télévision.

AFRICAN PUPPETS

During the 19th century, European inspired puppet traditions gained popularity in South Africa as European puppeteers began performing on the Cape. The characters of Punch and Judy were introduced and became Puns en Doedie. Recently, they were revived by Gary Friedman of the Royal Puppet Company. Local and international personalities are depicted, such as P.W. Botha, Desmond Tutu, Margaret Thatcher and others, and one can expect that Nelson Mandela will soon join them as a free man.

During the period of colonisation, missionaries, educators and puppeteers from Europe attempted to introduce their puppetry to Africa and revive local puppetry traditions. Between 1940 and 1945, in Congo and Zaïre, missionaries played to African audiences with overwhelming success and some of the imported puppet characters were adapted by Black African puppeteers to their repertoire. The French puppeteer, A. Weiss, came from Lyons to Senegal in the 1950s and introduced the French character Guignol. These examples of importation, among many others, were successful only when the European puppeteers were personally involved. Their puppet theatre disappeared as they left Africa.

One of the recent examples of importation of puppeteers and plays is the establishment of a puppet theatre in Cairo in 1959. By 1966, 100 belonged to this puppet theatre.

This number includes 37 actors, 10 producers, two stage decorators. In 1958, Two puppeteers from the Rumanian Tandarica puppet theatre were invited by the Ministry of Culture to help establish this puppet theatre. They brought with them new technology and new methods of creating puppets. They mounted plays based on traditional subjects as in the 'Sultan's Daughter' and 'Hussein the Great'. One of the plays that was produced at that time was 'The Admirable Little Girl'. The play was based on a Rumanian fairy tale which was translated into Arabic and was produced in Cairo. Its theme centres on social justice. (Ghad, 52)

Today, puppet shows from various European countries and the United States can be seen on stage and, particularly, on television sets. In Nigeria I saw Jim Henson's Sesame Street and in Togo I saw a French puppet show on TV.

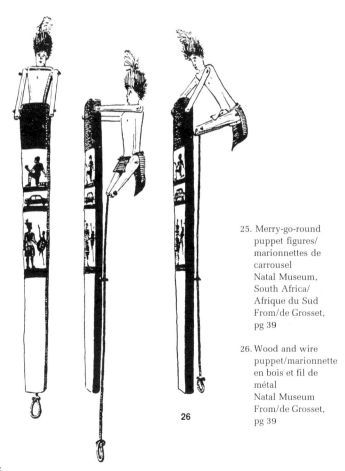

25

26

25. Merry-go-round puppet figures/ marionnettes de carrousel Natal Museum, South Africa/ Afrique du Sud From/de Grosset, pg 39

26. Wood and wire puppet/marionnette en bois et fil de métal Natal Museum From/de Grosset, pg 39

QU'EST CE QU'UNE MARIONNETTE AFRICAINE?

Définir la marionnette africaine pour le simple plaisir de disposer d'une définition, voilà qui s'avèrerait futile. Mais de chercher à ce faire pour mieux comprendre ce phénomène par rapport aux marionnettes en général, voilà un vrai défi.

La définition la plus courante d'une marionnette est une "**figure inanimée mise en mouvement par l'homme devant un auditoire**" (Baird, 13). Quoique qu'elle exclut les marionnettes mues par un moteur, elle est si générale qu'elle pourrait englober tous les types d'objets sculptés africains utilisés par les sociétés traditionnelles.

Dans ma recherche d'une définition plus précise, je suis partie du fait qu'elle est un "objet sculpté à image anthropomorphique et/ou zoomorphique manipulée par l'homme dans un contexte théâtral". Quoiqu'elle puisse exclure certaines sculptures africaines, elle comprend quand même la plupart des types de sculpture.

Afin de circonscrire les différences entre une marionnette et d'autres types de sculpture, il nous faut isoler les différents éléments qui appartiennent à la marionnette.

De prime abord, la caractéristique d'une marionnette africaine qui saute aux yeux par rapport à celles d'autres types de sculpture, est l'emploi de **couleurs** vives non seulement pour les costumes mais aussi pour les têtes sculptées. Quoique la couleur importe (voir le chapître sur la couleur) d'autres types de sculptures sont aussi **polychromes** (voir tambour peint 43, tabouret 28, figures 52, 53, et baguette de danse 35c). Ce n'est donc pas le facteur distinctif.

La marionnette africaine est sculptée de **matériaux hétérogènes** qui, outre le bois, comprennent tissu, raphia, paille, perles, coquillages, plumes, cuir et vannerie. A elle seule, cette notion d'hétérogénéité ne suffit pas à la définition, d'autres types de sculptures africaines étant évidemment ainsi faites (voir 49).

Ma tentative de définir la marionnette en fonction du **style** et de la **taille** a aussi échoué, toutes les sculptures africaines étant des variantes de styles et tailles semblables.

Comme beaucoup de marionnettes africaines sont **articulées**, j'ai pensé que cette caractéristique pourrait exclure d'autres types de sculpture. Cependant, certaines sculptures sont articulées (voir figures 78, 79, 80 et masques 81, 82, 83, 84), tandis que certaines marionnettes, particulièrement les marottes, ne le sont pas.

La poursuite de cette distinction par le biais du **mode de manipulation** s'est également avérée complexe. En réalité, certains marionnettistes et danseurs manipulent leurs objets successivement par en haut ou en bas, cachés ou exposés.

Souvent, les spectacles de marionnettes sont classés comme du théâtre populaire ou profane. Comme d'autres types de sculptures servent principalement dans un contexte religieux ou de théâtre rituel, l'emploi de l'expression **théâtre profane** dans la définition excluerait d'autres types de sculptures. Cependant, il est bien documenté que dans divers coins du continent les marionnettes servent à la fois dans les contextes religieux et profane.

De là je suis passée aux quatre principes de Proschan: **représentation**, **distortion**, **histoire** et **mouvement**. Les deux premiers s'appliquent à tous les types d'arts africains visuels et de la scène. Cependant, la narration et le mouvement, que j'appelle aussi **histoire** et **geste** s'appliquent plus aux marionnettes.

Ces éléments et questions additionnels m'ont amenée à définir la marionnette africaine comme **"un objet sculpté de matériaux hétérogènes de type anthropomorphique et/ou zoomorphique, articulé ou inarticulé, manipulé par l'homme dans un contexte théâtral rituel ou profane afin d'animer l'histoire d'un personnage dans un dialogue tragique, lyrique ou satirique."**

Même si cette définition circonscrit mieux le sujet, elle ne distingue pas la marionnette africaine du masque, en dehors du contexte de leur utilisations respectives, les deux étant parfois interchangeables.

Afin de mieux comprendre ce phénomène d'interchangeabilité, la marionnette africaine doit être comparée aux autres types de sculpture africaine.

WHAT IS AN AFRICAN PUPPET?

To define an African puppet just for the sake of having a definition is an exercise in futility. But to wrestle with the idea of a definition in order to better understand the phenomena of the African puppet as opposed to puppets in general is quite a challenge.

The most common general definition for a puppet is, "**an inanimate figure that is made to move by human effort before an audience.**" (Baird,13) This definition, although excluding motorised puppets, is so general it can easily include every type of African sculptured object used by traditional African societies.

In my search for a more precise definition of an African puppet, my starting point was "a sculpted object of an anthropomorphic and/or zoomorphic image, manipulated by man in a theatrical event." Although this definition may succeed in excluding some African sculptures, it still includes most types of sculpture.

To be able to identify the differences between a puppet and others types of sculpture, we need to isolate the various elements "unique" to the puppet.

The first noticeable feature of African puppets, as opposed to other types of sculpture, is the use of vibrant **colours**, not only in the costumes but in the painted sculpted heads as well. But, though colour plays an important role in puppets (see the chapter on colours), other types of sculpture are also **polychromed** (see painted drum 43, stool 28, figure 52, 53 and dance wand 35c). Therefore colour is not "the" element which sets puppets apart from other types of sculpture.

An African puppet is sculpted from **mixed media** which includes, in addition to wood, textile, raphia, straw, beads, shells, feathers, leather and basket work. Adding mixed media was not sufficient to narrow down a definition since, as is well known, many types of African sculpture are made of mixed media (see 49).

My attempt to define puppets by **style** and **size** also failed, since all types of African sculpture come in endless variations of similar styles and sizes.

Since many African puppets are **articulated**, I thought that this characteristic might exclude other types of sculpture. However, some of them are articulated (see figures 78, 79, 80 and masks 81, 82, 83, 84), while some puppets, particularly the stick puppets, are not.

The segregation of puppets from other types of sculpture by the **method of manipulation** proved complex as well. Indeed, some puppeteers and dancers, when manipulating their objects, do so successively from above or below, hidden or exposed.

In many cases, puppet shows are defined as popular theatre (secular drama). Since other types of sculpture appear mostly within a religious context (ritual drama), the addition of **secular drama** to the definition would exclude other types of sculpture. Yet, from documentation published on puppets from across Africa, it is clear that they are used in both religious and secular contexts.

This led me to Proshan's four basic principles of puppetry: **representation**, **distortion**, **story** and **motion**. The first two are characteristic of all types of African visual and performing arts. However, sometimes I call story and motion **narration** and **movement**.

Armed with these additional elements I have come to the following definition of an African puppet: "**a mixed-media polychromed, sculpted object of an anthropomorphic and/or zoomorphic image, articulated or not and manipulated by man in a ritual or secular drama in order to animate a character's story in a tragic, lyric or satirical dialogue.**"

Though this definition narrows the subject somewhat, it cannot differentiate between African puppets and masks, outside of the context of their respective uses, since both of them are at times interchangeable.

In order to better understand the complexity of this interchangeability, the African puppet must be compared to other types of African sculpture.

SCULPTURE ET MARIONNETTES

La sculpture traditionnelle africaine est un "objet symbolique à image anthropomorphique ou zoomorphique, de styles et matériaux divers, servant à transmettre un message socio-culturel".

Cette définition générale comprend quatre types de sculpture: a) objets utilitaires b) objets cérémoniaux c) figurines humaines d) masques de danse. Les images symboliques anthropomorphiques et/ou zoomorphiques se retrouvent dans tous les types de sculpture, mais seuls les trois derniers servent aux activités socio-culturelles.

A quel groupe appartient la marionnette? Sans aucun doute à une ou plusieurs des trois dernières catégories.

a) Objets utilitaires Même si ces objets sculptés du quotidien, tels que portes, mortiers et pilons, contenants, sont décorés d'images anthropomorphiques et/ou zoomorphiques et peuvent à l'occasion servir dans un contexte religieux, ils servent généralement à des fins profanes, tandis que les marionnettes, comme sculptures, servent à des activités de représentations théâtrales.

b) Objets cérémoniaux Ils comprennent des plateaux (voir 36), récipients royaux (voir 37), bols et urnes de divination (voir 38 à 42), tabourets (voir 27 à 30), bâtons de cérémonie (voir 31 à 34), baguettes de danse (voir 35, a, b, c, d), et instruments musicaux (voir 43 à 47). Etant donné que la cérémonie en Afrique est en fait un événement théâtral qui comprend chants, musique et danse et que les objets cérémoniaux comportent souvent des images symboliques anthropomorphiques et/ou zoomorphiques, ils pourraient être considérés comme des marionnettes.

Par exemple, les bâtons linguistiques Akan représentent physiquement des proverbes qui symbolisent des figures humaines, des animaux, des oiseaux et des arbres (voir 34). Les conseillers Akan se servent de bâtons linguistiques devant un auditoire.

Les proverbes traditionnels constituent le sujet principal de presque tout l'art visuel Akan. A leur tour, ces arts fournissent une représentation concrète de la littérature orale riche et variée du peuple Twi. L'alliage réussi des arts plastiques et du proverbe traditionnel est peut-être idéalement démontré dans le cas de l'institution du Okyeame, qui est le principal conseiller et porte-parole du chef. Son bâton, l'Okyeame Poma, qui signifie bâton linguistique ou bâton du conseiller, est surmonté d'un fleuron représentant au moins une parole proverbiale, chacune possédant son enfilade d'associations métaphoriques qui s'appliquent à plusieurs sujets et situations. (Ross, 56)

On peut parfois considérer que ce bâton est manié comme une marionnette. Dans d'autres cas, des baguettes cérémoniales de danse, porteuses de messages symboliques, sont brandies pendant la danse et ainsi agissent quelque peu comme des marionnettes.

D'autres exemples sont fournis par les images symboliques de crocodiles (voir 29), panthères et éléphants taillées à même des tabourets Asante. "Tout motif d'un tabouret Asante a une connotation et donc sert de message verbal et visuel." (Dagan, Tabourets Asante, pg 16) Lorsque des objets inanimés sont transportés par des gens dans une procession ils deviennent en quelque sorte comme des marionnettes.

Etant donné que de tels exemples peuvent être tirés de nombreux objets cérémoniaux, ceux-ci ne devraient-ils pas être classés aussi comme des marionnettes? Malgré les similarités entre tous les types d'objets de cérémonie sculptés et les marionnettes, deux différences ressortent nettement: le type de **narration** et la signification du **mouvement**.

La narration, telle qu'elle s'applique aux objets cérémoniaux, est semblable en valeur et en contenu à celle des masques. Essentiel aux marionnettes et aux masques, le mouvement ne l'est pas pour les objets cérémoniaux qui, eux, transmettent leur message symbolique qu'ils soient en mouvement ou non. Par contre, les marionnettes et masques ne transmettent de message que s'il y a mouvement.

c) Figures humaines Elles comprennent des personnages ancestraux (voir 48, 51, 52), des mémoriaux (voir 54), des gardiens de reliquaire (voir 53), des fétiches (voir 49) et des poupées. Tous les types de sculpture humaine peuvent être des personnages principaux et le point de mire du théâtre rituel.

Les ancêtres sont honorés comme créateurs de l'ordre social qui sert à perpétuer et intensifier la vie. Le

SCULPTURE AND PUPPETS

A traditional African sculpture is an "object of an anthropomorphic or zoomorphic symbolic image made in various styles and materials and used to transfer a socio-cultural message."

This general definition includes four categories of African sculpture: a) household objects, b) ceremonial objects, c) human figures and d) dance masks. Of these only the latter three groups are used in socio-cultural events.

To which group do puppets belong? Undoubtedly, they belong to one or more of the latter three categories.

a) Household objects Even if these everyday sculpted objects, such as doors, mortar and pestles, and containers, are decorated with anthropomorphic and/or zoomorphic images and serve at times in a religious context, their use is basically confined to secular purposes, whereas the puppet as a sculpture is used for theatrical dramatical events.

b) Ceremonial objects This category includes trays (see 36), royal containers (see 37), divination bowls and urns (see 38 to 42), stools (see 27 to 30), ceremonial staffs (see 31 to 34), dance wands (see 35, a, b, c, d) and musical instruments (see 43 to 47). Since every ceremony in Africa is, in effect, a theatrical event which includes songs, music and dance, and since most ceremonial objects feature anthropomorphic and/or zoomorphic symbolic images, they could be considered as puppets.

For example, Akan linguistic staffs are physical representations of verbal proverbs, which include symbolic human figures, animals, birds and trees (see 34). Akan counselors use the linguistic staff before an audience.

Traditional proverbs constitute the dominant subject matter of nearly all Akan visual art. Those arts in turn provide concrete representation of the rich and varied oral literature of the Twi speaker. The successful marriage of plastic art and traditional proverb is perhaps best exemplified in the institution of Okyeame. The Okyeame is the principal counselor and spokesman to the chief. His staff, Okyeame Poma, means 'linguistic stick' or 'counselor's stick' has a carved finial representing at least one proverbial saying and each saying has a chain of metaphorical associations that applies to several subjects and situations. (Ross, 56)

This staff can be construed at times to be used as one would a puppet. In other instances, ceremonial dance wands, which contain symbolic images, are held while dancing and thus have a function which is similar to that of puppets.

Other examples include the symbolic images of crocodiles (see 29), panthers and elephants carved on Asante stools. "Every design used in an Asante stool has a connotation and thus functions as a verbal and visual message." (Dagan, Asante Stools, 15). When they are carried during a procession they become, in a way, like puppets.

Since examples such as these can be drawn from many ceremonial objects, shouldn't these objects be classified as puppets as well? In spite of the similarities between all types of sculpted ceremonial objects and puppets, two differences stand out: the type of **narration** and the significance of **movement**.

The narration, as it relates to ceremonial objects, is similar in value and content to that of the masks. But, movement is essential for puppets and masks, whereas it isn't for ceremonial objects. The latter will carry its message that it should be immobile or not. The puppet or mask, on the other hand, cannot transfer a message without movement.

This identification of the importance of movement leads to the examination of human figures and masks in relationship to puppets.

c) Human figures Human figures include ancestors (see 48, 51, 52), memorials (see 54), reliquary guardians (see 53), fetishes (see 49) and dolls. All types of human sculptures can become the central characters and the focal point of ritual drama.

The ancestors are worshipped as creators of the social order which serves to perpetuate and intensify life. The theatre contributes to this intensification. It is, insofar as it serves to transpose the myth, a formula for living. It reflects the life and the ethics of the community. Through the theatre, myth makes man conscious of his place in order to make him accept his social obligations. (Traoré, 65)

SCULPTURE ET MARIONNETTES

théâtre contribue à cette intensification. En ce sens qu'il sert à transposer un mythe, il permet la vie. Il représente la vie et l'éthique de la communauté. Par le biais du théâtre, le mythe rend l'homme conscient de sa place dans l'ordre des choses afin de lui faire accepter ses obligations sociales." (Traoré, 65)

Une figure humaine diffère de la marionnette en ce sens qu'elle ne représente pas le pouvoir magique ou spirituel - elle est le pouvoir incarné. La marionnette représente la quintessence d'un personnage. Une figure humaine est un objet statique qui est placé dans un endroit où les gens se rendent pour communiquer avec lui. La marionnette, par contre, est un objet dynamique qui dépend de son mouvement et doit habituel-

lement se déplacer vers son auditoire. La figure humaine transmet son message qu'elle soit ou non en mouvement. La narration d'un marionnette associée aux figures humaines est généralement une sorte de monologue ou invocation religieuse ou mystique, celle d'un spectacle de marionnettes étant habituellement une histoire fondée sur le quotidien.

d) Masques Les masques sont tout à fait différents. Pour être marionnette, le masque doit être manipulé comme elle, ce que font de nombreux danseurs. Réciproquement, la marionnette qui devient masque doit être manipulée comme lui. Comme de nombreux éléments sont communs aux masques et aux marionnettes, le lecteur est invité à se référer au chapitre sur les masques de danse et les marionnettes.

Tabourets avec images anthropomorphiques et zoomorphiques

Stools with anthropomorphic and zoomorphic images

27

28

27. Stool/tabouret, figure with mythical panther/personnage avec panthère mythique Bamileke, Cameroun Wood/bois, 59x37x24 cm Author's coll. de l'auteur

28. Stool/tabouret, with three panthers/avec trois panthères Bamileke, Cameroun Wood, beads, shells and fabric/bois, perles, coquillages et tissu, 36x34 cm Author's coll. de l'auteur

41

SCULPTURE AND PUPPETS

A human figure differs from a puppet in that it does not represent spiritual or magical power - it is the power - whereas the puppet represents the quintessence of a character. While a human figure is a static object which is situated in a place where worshipers come to communicate with it, the puppet or mask is a dynamic object which depends on its movement to convey its message and usually comes to its audience. The human figure transfers its message whether or not it is moved. The puppet cannot do so without being moved. The narration related to human figures is usually a type of religious and mystic monologue or invocation, but the narration in puppet shows is a type of dialogue which tells a story based on realistic experiences.

d) Masks Masks are an entirely different matter. In order to be like a puppet, a mask needs to be manipulated like a puppet, as many dancers do. Conversely, for a puppet to be like a mask it must be manipulated like a mask. Since many elements are common to masks and puppets, the reader is invited to refer to the chapter on Dance Masks and Puppets.

29

30

29. Stool/tabouret, with crocodile/avec un crocodile
Asante, Ghana
Wood/bois,
53x40x29
Author's coll. de l'auteur

30. Caryatid stool/ tabouret à caryatide
Songy, Zaïre
Wood and beads/ bois et perles,
44x27 cm
Author's coll. de l'auteur

42

Bâtons de cérémonie avec images anthropomorphiques et zoomorphiques
Ceremonial Staffs with anthropomorphic and zoomorphic images

31

33

32

34a   34b   35c   34d

31. Shoulder staff with
    Janus/crosse
    d'épaule avec Janus
    Lobi, Burkina Faso
    Wood/bois, 61 cm
    Musée des Beaux-
    Arts de Montréal

32. Chief's ceremonial
    staff with two
    serpents and a lion/
    bâton de cérémonie
    de chef avec deux
    serpents et un lion
    Ewe, Togo
    Aluminium, 92 cm
    Maison Alcan
    Montréal

33. Linguistic staff
    finial, with elephant
    and bird/épi de
    bâton linguistique
    avec éléphant et
    oiseau
    Akan, Ghana
    Wood, bois, 35 cm
    Gallerie Amrad

34. a. Linguistic staff/
    bâton linguistique
    Akan, Ghana, wood/
    bois,145 cm
    b. Ceremonial staff/
    bâton de cérémonie,
    Senufo, Ivory Coast/
    Côte d'Ivoire, wood
    and iron/bois et fer,
    140 cm
    c. Ceremonial staff/
    bâton de cérémonie,
    Lobi, Burkina Faso,
    wood and shells/
    bois et coquillages,
    106 cm
    d. Ceremonial staff/
    bâton de cérémonie,
    Bamana, Mali,
    wood/bois, 62 cm
    Gallerie Amrad

Baguettes de danse avec images anthropomorphiques et zoomorphiques
Dance Wands with anthropomorphic and zoomorphic images

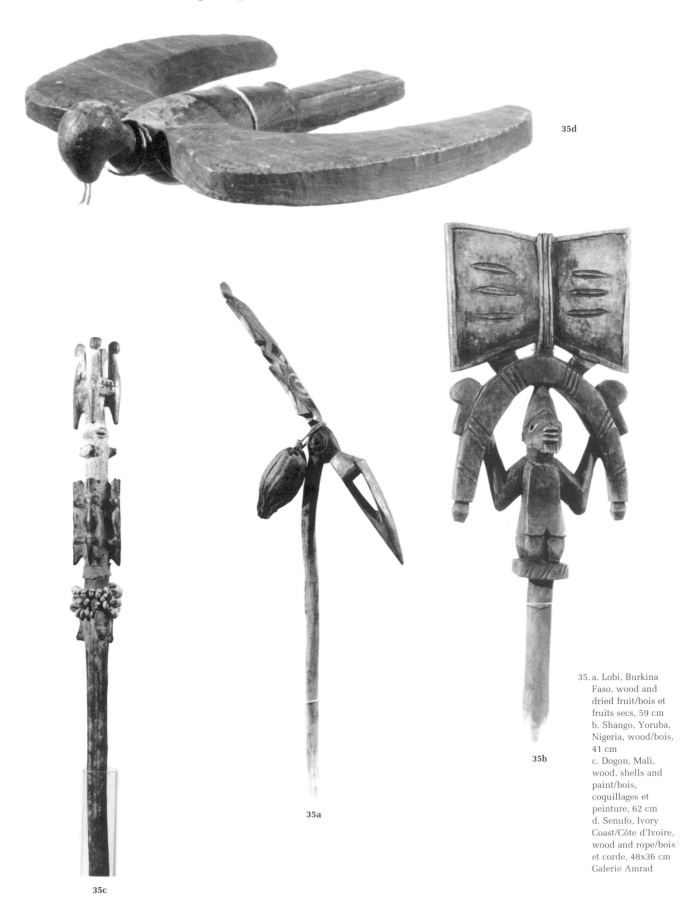

35d

35a

35b

35c

35. a. Lobi, Burkina
Faso, wood and
dried fruit/bois et
fruits secs, 59 cm
b. Shango, Yoruba,
Nigeria, wood/bois,
41 cm
c. Dogon, Mali,
wood, shells and
paint/bois,
coquillages et
peinture, 62 cm
d. Senufo, Ivory
Coast/Côte d'Ivoire,
wood and rope/bois
et corde, 48x36 cm
Galerie Amrad

Objets de cérémonie avec images anthropomorphiques et zoomorphiques
Ceremonial Objects with anthropomorphic and zoomorphic images

36

39

38

37

36. Divination tray/
plateau de
divination
Yoruba, Nigeria
Wood and iron
rings/bois et
anneaux de fer,
56x39 cm
Galerie Amrad

37. Royal container
with eight nomos
and crocodiles/
récipient royal avec
huit nomos et
crocodiles
Dogon, Mali
Wood/bois, 143 cm
Private coll. privée,
Montreal

38. Ceremonial urn on
mythical animal, lid
surmounted by
female/urne de
cérémonie sur un
animal mythique,
couvercle surmonté
d'une femme
Dogon, Mali
Wood/bois, 78 cm
Private coll. privée,
Montreal

39. Divination bowl
held by kneeling
female/bol de
divination tenu par
une femme à
genoux
Yoruba, Nigeria
Wood/bois, 45x19
Galerie Amrad

41

40

42

40. Divination bowl
   supported by three
   figures, with handle
   in form of head/bol
   de divination
   supporté par trois
   femmes avec queue
   en forme de tête
   Fumban, Cameroun
   Bronze, 22x31x
   23 cm
   Private coll. privée,
   Montreal

41. Ceremonial bowl
   resting on hyenas/
   bol de cérémonie
   reposant sur des
   hyènes
   Grasslands/prairies,
   Cameroun
   Wood/bois,
   32x21 cm
   Musée des Beaux-
   Arts de Montréal

42. Ceremonial bowl in
   the shape of a
   lizard/bol de
   cérémonie en forme
   de lézard
   Grasslands/prairies,
   Cameroun
   Wood/bois,
   16.5x43.6x17 cm
   Musée des Beaux-
   Arts de Montréal

46

44

45

44. Slit divination
    drum/tambour
    fendu de divination
    Bayaka, Zaïre
    Wood, paint, fibre
    and metal/bois,
    peinture, fibre et
    métal, 45.5x9 cm
    Musée des Beaux-
    Arts de Montréal

45. Two ritual bells
    (Mokenge)/deux
    cloches rituelles
    (Mokenge)
    Tsogo, Gabon
    Wood, iron, brass
    and teeth/bois, fer,
    cuivre jaune et
    dents, 45 cm and/et
    47 cm
    Agnes Etherington
    Art Centre, Queen's
    University, Kingston
    The Justin and
    Elizabeth Lang coll.

43

46

43. Ceremonial drum
with three
protruding faces/
tambour de
cérémonie avec trois
visages en relief
Pangwe, Gabon
Wood, painted red,
white and black/
bois peint en rouge,
blanc et noir,
72x22x23 cm
Author's coll. de
l'auteur

46. Ceremonial harp/
harpe de cérémonie
Punu, Gabon
Wood, snake skin
and pigment/bois,
peau de serpent et
pigment, 83 cm
Agnes Etherington
Art Centre, Queen's
University,
Kingston
The Justin and
Elizabeth Lang coll.

47. Musical puppet
horns/trompes
anthropomorphes
Bembe,People's
Republic of Congo/
République
Populaire du Congo
From/de Lehuard,
pg 11

47

48

Figures humaines

Il s'agit d'ancêtres, esprits, fétiches, gardiens de reliquaire, protecteurs, personnages de mémoriaux qui assurent le bien-être de leur société, mais sont conservés dans des sanctuaires ou des endroits secrets, et qui transmettent leurs messages symboliques lorsqu'exposés en public comme des marionnettes.

Human Figures

Human figures as ancestors, spirits, fetishes, reliquary guardians, protectors and memorials which insure the well-being of their society, but are kept in shrines or secret places, and transfer symbolic messages when exposed publicly, as do puppets.

48

49

48. Dogon, Mali
Wood with heavy sacrificial patina/ bois avec forte patine sacrificielle, 77 cm
Author's coll. de l'auteur

49 Yombe?, Congo
Wood, nails, mirror and cloth and mud/ bois, clous, miroir, tissu et boue, 65 cm
Author's coll. de l'auteur

49

51

50

52

50. Grassland/prairie
    Cameroun
    Wood/bois, 61 cm
    Author's coll. de
    l'auteur

51. Baoulé, Ivory Coast/
    Côte d'Ivoire
    Wood and white
    pigment/bois et
    pigment blanc,
    48 cm
    Private coll. privée,
    Montréal

52. Ibo, Nigeria
    Wood, painted blue/
    bois, peint en
    bleu,130 cm
    Author's coll. de
    l'auteur

53

54

53. Fang, Gabon
   Wood, heavy black
   patina/bois, forte
   patine noire,
   50.5 cm
   Author's coll. de
   l'auteur

54. Ndengese, Zaïre
   Wood, white
   pigment/bois,
   pigment blanc,
   69 cm
   Author's coll. de
   l'auteur

51

56a

55

55. Grassland/prairie
Cameroun
Wood with heavy
black patina/bois
avec forte patine
noire, 63 cm
Barbara Rosenstein,
Montreal

56. Woyo, Zaïre
Wood, iron clips,
brownish patina/
bois, agrafes de fer,
patine brunâtre,
54 cm
Private coll. privée,
Montréal

56a. Tsogo, Gabon
Wood, white
pigment, skin/bois,
pigment blanc,
peau, 47 cm
Author's coll. de
l'auteur

56

JOUETS ET MARIONNETTES

Généralement, les jouets et marionnettes africains sont des objets sculptés. Les jouets comprennent les poupées, utilisées principalement par les filles, et d'autres types d'objets avec lesquels s'amusent les enfants.

Les filles reçoivent des poupées (voir 61, 62, 69) pour jouer et se préparer à leur futur rôle de femmes, mères et épouses, les garçons jouent avec des jouets pour se préparer à leurs rôles d'hommes, pères et époux. Leurs jouets cadrent avec les occupations de leurs parents. Les fils de chasseurs jouent avec arcs et frondes, pendant que ceux des guerriers s'amusent avec boucliers et lances, les fils de fermiers avec des outils agricoles. Récemment, la modernisation aidant, les enfants, surtout les garçons, se sont créés de nouveaux types de jouets: voitures, bicyclettes, scooters, avions et hélicoptères faits principalement de fil et autres matériaux de rebuts (voir 57 à 60).

Le choix d'un jouet dépend des désirs de l'enfant. En jouant avec une bicyclette imaginaire il prétend posséder ce qu'en réalité il ne peut se permettre, lorsqu'il joue avec un héli-coptère ou une voiture il fait semblant d'être pilote ou courseur. Quand une fille joue avec sa poupée, la lavant, l'habillant, chantant pour elle ou lui parlant, elle imite le comportement de sa mère et joue le rôle d'un parent affectueux.

Cependant, la démarcation entre les jouets et les marionnettes n'est pas nette. En fait, un jouet peut devenir marionnette, par exemple lorsqu'il est utilisé sciemment devant un auditoire, même s'il ne s'agit que d'un membre de la famille.

Je me souviens avoir vu au marché de Mopti, au Mali, un garçon sur sa tête de cheval (voir 60, 103, 104). Il jouait seul avec son jouet - sautant et courant en rond tout en encourageant son cheval - parfois même il chantait. Quelques enfants se sont approchés et l'ont regardé faire. A ce moment-là son cheval est devenu une marion-nette. Il s'est mis à jouer le rôle d'un chef à cheval (un thème fréquent des contes, légendes et sculptures de la région). Pour soutenir leur attention, il s'est mis à ridiculiser le chef et est tombé de sa monture. Les enfants ont ri. Il était devenu marionnettiste et son jouet marionnette.

Jouets de garçons/Toys for Boys

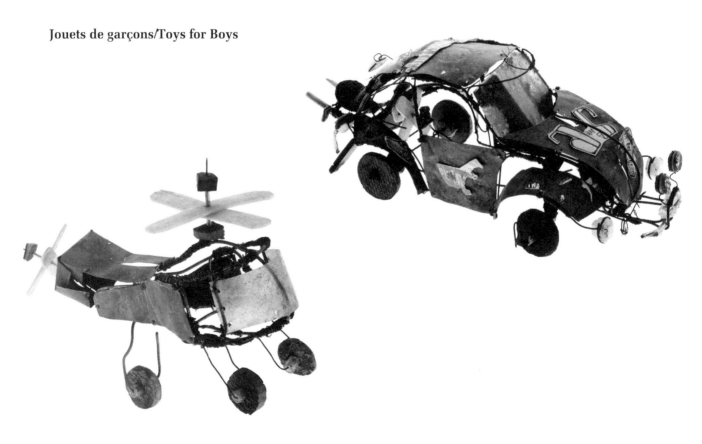

TOYS AND PUPPETS

In most cases African toys and puppets are sculpted objects. The toys comprise dolls, mainly used by girls, and other types of objects for children's games.

Girls are given dolls (see 61, 62, 69) to play with to prepare them for their future as women, mothers and wives, and boys play with toys to prepare them for their duties as men, fathers and husbands. Their toys reflect their parents' occupations. Sons of hunters play with bows and slingshots, while those of warriors play with shields and spears, and those of farmers with agricultural tools. In recent years, modern influences have led children, particularly boys, to create make-believe cars, bicycles, scooters, planes and helicopters out of wire and junk material (see 57 to 60).

The choice of toy reflects a child's desire. When playing with an imaginary bicycle, a boy pretends to own that which in reality he cannot, and when playing a game with a helicopter or race car, he is acting out the role of a helicopter pilot or race car driver. Similarly, a girl playing with her doll - washing and dressing her, singing and talking to her - is imitating her mother's behaviour and acting out the role of a caring parent.

The distinction between toys and puppets is not clear-cut though. Indeed, a toy can become a puppet, for instance when it is being used knowingly before an audience, even if only a family member.

I remember in the Mopti market (Mali) I saw a boy who was riding a hobby horse (see 60, 103, 104). He was playing with his toy by himself - jumping and circling around and screaming at his horse - even singing. A few children came and stood around him and watched. At that moment his toy became a puppet. He started to act the role of a chief riding on his horse (a frequent theme in the stories, legends and sculpture of the region). To keep their attention he began to ridicule the chief and fell off his horse. The children surrounding him laughed. He became a puppeteer and his toy, his puppet.

In another instance, in the Lome market, in Togo, a boy sat near his mother and played with two dolls with calabash heads - one on each hand. The two women dolls wore dresses that covered his arms and he imitated their voices as

57a. Two bicycles, a helicopter and a car made by Burundi boys/deux bicyclettes, un hélicoptère et une voiture faits par des enfants du Burundi Schuleund Museum für Gestaltung Zürich

JOUETS ET MARIONNETTES

Dans un autre cas, au marché de Lomé, au Togo, un garçon assis près de sa mère jouait avec deux poupées munies de têtes en calebasse - une dans chaque main. Les deux femmes-poupées portaient des robes qui couvraient ses bras. Il imitait des voix de femmes. La conversation est devenue argument et elles se sont mises à se frapper. Tellement était-il pris par ce jeu qu'il ne s'était pas rendu compte qu'un auditoire s'était constitué. Quelques adultes et enfants s'étaient déplacés pour identifier la source du vacarme. Lorsqu'il se sont mis à rire à gorge déployée, le garçon a bien vu qu'on l'observait. Ses marionnettes se sont mis à invectiver l'auditoire, l'incorporant au combat. Quelques adultes lui ont lancé des pièces de monnaie indiquant ainsi qu'ils avaient apprécié son théâtre.

Encore une fois, quoique l'enfant jouait seul, un auditoire est apparu et les jouets sont devenus marionnettes, lui marionnettiste.

Les poupées de fertilité possèdent un pouvoir magique qui évoque la création de la vie (voir 67 à 70). Elles véhiculent un message visuel et lorsqu'elle servent devant un auditoire elles jouent un rôle symbolique et en fait deviennent des marionnettes.

Tous les types de jouets africains, qu'ils servent à des jeux, des pièces de théâtre ou à la magie, deviennent des marionnettes lorsqu'un auditoire est présent. Par contre, tous les types de marionnettes, lorsque manipulées par une personne seule (i.e., en répétition) deviennent des jouets.

57. Burundi boys playing with toys they have made/ enfants du Burundi jouant avec des jouets qu'ils ont faits
Schuleund Museu für Gestaltung Zürich

they talked to each other. Their conversation escalated into an argument and they began to hit each other. He was so engrossed by what he was doing that he didn't notice that he had attracted an audience. Some adults and children had wandered over to see what all the commotion was about. When they laughed out loud, he realized he was being watched. The puppets began to scream at the audience, including them in the fight. Some of the adults threw him coins to show that they enjoyed his play.

Here again, although he intended to play by himself, an audience appeared and his toys became puppets and he became a puppeteer.

Fertility dolls contain a magical power to evoke the creation of life (see 67 to 70). They carry a visual message and when used in front of an audience play a symbolic role and, in effect, also become puppets.

All types of African toys, including dolls, whether used for games, playing or magic, become puppets when audiences are present. On the other hand, all types of puppets, when handled by one person (i.e. during a rehearsal, without an audience) become toys.

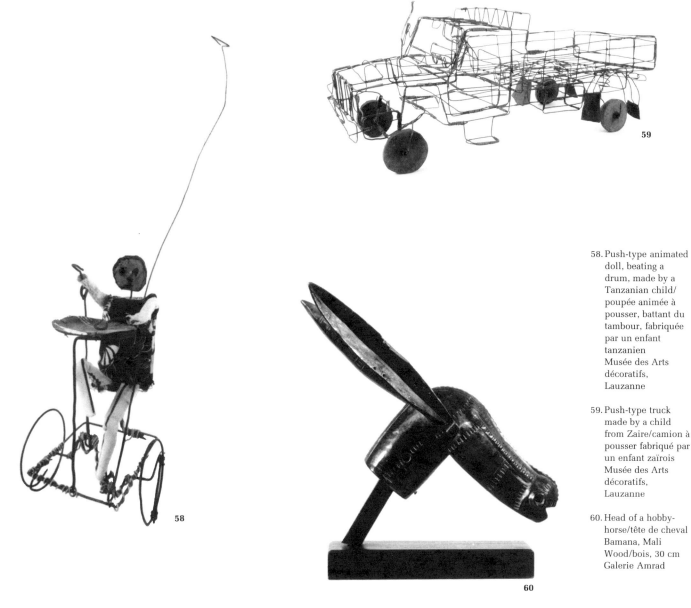

58. Push-type animated doll, beating a drum, made by a Tanzanian child/ poupée animée à pousser, battant du tambour, fabriquée par un enfant tanzanien Musée des Arts décoratifs, Lauzanne

59. Push-type truck made by a child from Zaire/camion à pousser fabriqué par un enfant zaïrois Musée des Arts décoratifs, Lauzanne

60. Head of a hobby-horse/tête de cheval Bamana, Mali Wood/bois, 30 cm Galerie Amrad

63

61

65

61. Three dolls from
    Kenya/trois poupées
    du Kenya
    Mixed media/
    matériaux divers
    Front/avant: Galerie
    des Cinq Continents
    Rear/arrière: Galerie
    Amrad

63. Two dolls/deux
    poupées
    Turkana, Kenya
    Dried mud, canvas,
    beads and brass
    earrings/boue
    séchée, toile, perles
    et boucles d'oreilles
    en cuivre jaune
    Private coll. privée,
    Montréal

65. Two dolls/deux
    poupées
    Bagrimi, Chad
    Fired clay/argile
    cuite
    Galerie Amrad

62

64

64

62. Three dolls/trois
    poupées
    l. and c./g. et c.
    Zulu, South Africa/
    Afrique du Sud
    Galerie des Cinq
    Continents
    r./d., Bamileke,
    Cameroun
    Galerie Amrad

64. Two dolls/deux
    poupées
    Bozo, Mali
    Wood, metal, brass
    strip, shells, beads
    and yarn/bois,
    métal, bande de
    cuivre jaune,
    coquillages, perles
    et tissu
    Galerie Amrad

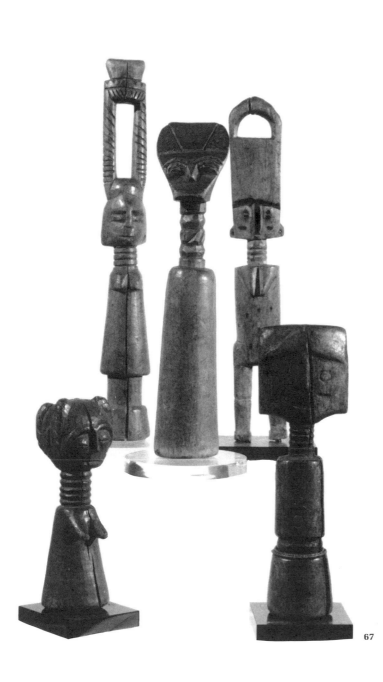

67

68

66

66. Fertility doll/
poupée de fertilité
Asante, Ghana
Wood, lacquer/bois,
laque
Galerie Amrad

67. Group of dolls
Fante, Ghana
Wood/bois
Galerie Amrad

68. Group of dolls/
groupe de poupées
Rear/arrière, Mossi,
Burkina Faso
Front/avant,
Zaramo, Tanzania/
Tanzanie
Wood/bois
Galerie Amrad

70

69

71

69. Group of dolls/
    groupe de poupées
    Ewe, Togo
    Wood/bois
    Galerie Amrad

70. Ibedj twins/jumeaux
    Ibedj
    Yoruba, Nigeria
    Wood and beads/
    bois et perles
    Author's coll. de
    l'auteur

71. Three dolls/trois
    poupées
    Namji, Nigeria
    Wood, beads,
    leather and shells/
    bois, perles, cuir et
    coquillages
    Galerie Amrad

MASQUES DE DANSE ET MARIONNETTES

Alors qu'un masque de danse est un objet sculpté que porte un danseur pour dramatiser un message symbolique, la marionnette est un objet sculpté que manipule un individu pour jouer le rôle d'un personnage. Les masques et les marionnettes, ainsi que leurs manipulateurs, font partie d'activités dramatiques théâtrales représentatives de l'héritage culturel africain.

Quoique les experts aient scruté les masques africains sous tous leurs angles, ils ont ignoré leur étroite relation avec les marionnettes, ce qui explique pourquoi on a souvent décrit les marionnettes comme des masques ou des figures, et vice versa.

Dans beaucoup de sociétés africaines les masques et les marionnettes coexistent et leurs rôles se chevauchent. La determination de leurs similarités passe donc par l'identification de leurs ressemblances et dissemblances.

Eléments communs
Objets théâtraux sculptés, dont se servent des manipulateurs qui sont habituellement cachés, ils transmettent un message socio-culturel par le biais de psychodrames. Ils sont souvent sculptés par le même artiste qui se sert de matériaux et couleurs semblables. Leur ressemblance est telle qu'ils sont facilement interchangeables selon l'usage que l'on fait du temps et de l'espace. Ils ont une double fonction, soit d'influencer et de stimuler leurs manipulateurs et les spectateurs en même temps. Tant le danseur que le marionnettiste passent par une transformation de leur identité, parfois vers la métamorphose, parfois vers la simple représentation.

73

Les manipulateurs peuvent participer au même spectacle, accompagnés de musique, chants et narration. Ils véhiculent également des tabous et des messages et, lorsqu'ils narrent, déguisent leurs voix. De plus, le pouvoir expressif de leurs objets repose sur le mouvement et ils peuvent être articulés (voir masques 81 à 84 et marionnettes 93 à 118d). Les manipulateurs sont souvent habillés de costumes faits de matériaux et couleurs semblables. Fréquemment, ils tiennent leurs objets de la même façon, sur leur tête, épaule, corps, etc., objets qui viennent dans une multitude de couleurs, formes et dimensions. Finalement, certains masques et marionnettes sont fusionnés, se présentant comme un seul objet, d'autres comme masques-marionnettes, d'autres encore comme masques qui incorporent un personnage articulé comme sous-structure (voir 110e, 116).

Différences
Malgré ces ressemblances, il reste des différences majeures entre certaines marionnettes et certains masques. Elles se classent en fait sous quatre rubriques: **temps et espace, gravitation et gesticulation, type de narration et scènes**.

a) Temps et espace Alors que la plupart des **marionnettistes** et leurs **marionnettes** occupent chacun son propre espace et se déplacent dans son propre temps, d'où un effet de **double espace et de double temps**, la plupart des **danseurs** et leurs **masques** se meuvent dans un **seul espace et un seul temps**.

Lorsqu'un danseur masqué saute, se retourne, marche, court, lui et son masque se déplacent en unisson - dans le même espace et en même temps. Mais les marionnettes à tige, à fils et les marottes, sont séparées du corps du manipulateur, occupent des espaces différents et se meuvent à des moments différents. Le marionnettiste se déplace dans son propre espace et son mouvement sert de catalyseur au mouvement différé de son objet. À l'encontre du danseur et de son masque, ils se meuvent dans un double espace et dans un double temps.

73. Puppet dressed as a bull, with child riding on top/ marionnette habillée en taureau, avec enfant assis dessus Puppet festival in

Jarabougou village, festival de marionnettes du village Jarabougou, Koulikere, Mali Musée National, Bamako, Mali

72. Dancer with bull-head mask/danseur avec masque de tête de taureau Village: Orodara, Burkina Faso, 1960

DANCE MASKS AND PUPPETS

A dance mask is a sculpted object carried on a dancer's body in order to dramatize a symbolic message. The puppet is a sculpted object manipulated so as to play a role. Masks and puppets and their manipulators are part of a theatrical drama representing the African society's cultural heritage.

Though scholars have been examining all aspects of masks from every angle, one aspect that was almost ignored is the close relationship between African puppets and masks, which explains why in many publications African puppets are often defined as masks or figures, while some masks are described as puppets.

One must keep in mind that in many African societies, puppets and masks coexist, and their uses overlap. In order to identify the similarities between them one must look as both their common and differing elements.

Common Elements

Both are sculpted theatrical objects used by manipulators who are usually hidden and transfer a socio-cultural message through role playing. Often, both are sculpted by the same carver, using similar style and colours. Their resemblance is such that they can easily be used as one or the other depending on how time and space are used. Puppets and masks have a double function, that of influencing and stimulating their manipulator and the viewer at the same time. Both the dancer and the puppeteer undergo an identity transformation, at times to-

ward metamorphosis, at other times toward simple representation.

Furthermore, puppeteers and dancers can participate in the same performance, accompanied by music, songs and narration. They also carry related taboos and messages, and when narrating, both will disguise their voices. Moreover, the power of expression of puppets and masks rests on movement, and both can be articulated (see masks 81 to 84 and puppets 93 to 118d). Puppeteer and dancers are often dressed in similar costumes of related materials and colours. Frequently, they hold their sculpted objects in the same way, on their head, shoulder, body, etc. Puppets and masks come in a multitude of colours, shapes and sizes. Finally, some masks and puppets are fused, appearing as one object, some as masked puppets, others as masks which incorporate an articulated figure as a substructure (see 110e, 116).

Differences

Despite these similarities, there remain major differences between some puppets and some masks. These differences belong basically to four categories: **time and space**, **gravitation and gesticulation**, **types of narration** and **stages**.

a) Time and space While most **puppeteers** and their **puppets** each occupy their own space and move in their own time, thereby giving an effect of **double space and double time**, most **dancers** and their **masks** move in **single space and single time**.

When a masked dancer jumps, turns, walks or runs, he and his mask are moving in unity - in the same space and at the same time. But, rod, string and some stick puppets, which are remote from the puppeteer's body, occupy different spaces and move at different times. The puppeteer moves in his own space and his movement is the catalyst for the delayed movement of the puppet. So, unlike the dancer with his mask, the puppeteer and his puppet are moving in double space and time.

> ...normally the puppet is seen by its operator as well as by its audience, the 'control' is to the same degree remote, whereas the masked actor became his own puppet. Normally both the masked actor and the

72

62

MASQUES DE DANSE ET MARIONNETTES

...normalement, la marionnette est vue à la fois par son manipulateur et par l'auditoire. Au même titre, le contrôle est à distance, alors que l'acteur masqué devient sa propre marionnette. Normalement, l'acteur masqué et le marionnettiste sont cachés, seul le nouveau personnage est vu. Ces mêmes procédés peuvent être utilisés par les créateurs de masques et de marionnettes. (Philpott, 152)

Cependant, si un danseur tient son masque à la main, il le sépare de son corps. En déplaçant le masque dans un temps-espace différent du sien, il devient en fait marionnettiste. Lui et son masque occupent deux espaces et se meuvent dans deux temps distincts. Réciproquement, lorsqu'un marionnettiste tient sa marionnette sur sa tête ou ses épaules et est habillé comme un danseur, ils se meuvent dans un seul espace et un seul temps, comme un danseur masqué.

Ce phénomène unique qui distingue la marionnette du masque n'a pas encore été fouillé. Le peu d'information disponible ne permet pas encore de déterminer quand un marionnettiste devient danseur et vice versa.

b) Gravitation et gesticulation Toutes les marionnettes manipulées, directement ou par des fils, tiges ou bâtons, et tous les danseurs se mouvant en un double espace-temps bénéficient d'un avantage que le danseur ou le marionnettiste se mouvant dans un seul espace-temps n'ont pas, soit l'absence de gravité. La disproportion entre la taille de la marionnette ou du masque et son mouvement peut être exagérée parce que le marionnettiste est libre de lui imprimer des mouvements d'une ampleur disproportionnée par rapport à sa taille. Conséquemment, les vocabulaires de mouvement et de gesticulation des marionnettes et des masques se mouvant dans un double espace-temps diffèrent de ceux qui sont limités par les circonstances à un seul espace-temps.

Un danseur masqué doit coordonner et harmoniser les mouvements de toutes les parties de son corps avec ceux du masque. Le marionnettiste doit contrôler le mouvement de sa main pour coordonner celui de la marionnette. Les mouvements des objets évoluant dans un double espace-temps sont courts, droits, décousus, limités, exagérés, déformés, non harmonieux, disproportionnés parfois et agiles. Quand le danseur ou le marionnettiste évoluent dans un seul es-

pace-temps, les mouvements sont élégants, gracieux, harmonieux, complets, libres et proportionnels au corps. La marionnette ou le masque qui sont libérés de la gravité sont doués d'exagération de mouvement au point de l'absurde - un grand atout pour le ridicule et le grotesque.

c) Type de narration Une des différences fondamentales entre le masque et la marionnette découle d'une distinction très importante, soit le rôle de la narration.

Par ailleurs, on s'interroge fréquemment sur la nature des relations entre le théâtre de la marionnette et le théâtre du masque. Car, si la fonction de la marionnette est de bien représenter l'homme par son double, le masque serait son appareil de métamorphose. (Darkowska-Nidzgorska, 19)

Sans aucun doute, cette différence d'intensité entre la métamorphose du théâtre rituel et la représentation du théâtre profane, que saisissent le marionnettiste et le danseur, se reflète dans leurs narrations. Mais la distinction n'est pas si simple parce qu'ils passent par une transformation d'identité. Pendant une représentation rituelle, ils se transforment, se métamorphosent. Pendant une représentation profane, ils jouent un rôle, donc représentent un personnage.

Pendant un rituel, l'expression des spectateurs reflète la crainte et le sérieux parce qu'ils croient ferme en leur existence mystique en leur pouvoir magique. Parfois la vie et la mort dépendent du comportement des objets. Pendant la représentation profane, le spectateur est généralement joyeux et détendu. Ces différences proviennent en partie du type de narration de chaque mise en scène. Celle du contexte rituel relève du monologue, d'une prière sacrée et secrète demandant une bénédiction, tandis que celle du contexte profane est un dialogue tiré du quotidien.

Conséquemment, il est possible pour un danseur ou un marionnettiste de rituel de manipuler son auditoire à un plus fort degré car les spectateurs acceptent le masque ou la marionnette comme étant possédé par un pouvoir suprême, et car le manipulateur est possédé tant physiquement qu'émotivement. Une telle puissance ne peut évidemment pas être projetée par la narration qui accompagne la marionnette ou le masque dans une représentation profane.

DANCE MASKS AND PUPPETS

puppeteer are hidden - only the new character is seen. Many of the same processes can be used by the mask-maker or the puppet-maker. (Philpott, 152)

However, if a dancer removes his mask and holds it in his hands, the mask becomes disconnected from him, and since the mask moves in a separate space, he becomes in effect a puppeteer, He and his mask now occupy different spaces and move in different times. Conversely, when a puppeteer holds a puppet on his head or shoulders and is covered by a costume like a dancer, he moves in one space and at one time. Therefore he becomes like a masked dancer.

This unique movement phenomena that distinguishes puppets from masks has not yet been researched. The little information available is insufficient to pinpoint when a puppeteer becomes a dancer and vice versa.

b) Gravitation and gesticulation All puppets manipulated by hand, directly or through strings, rods or sticks, and all masked dancers moving in double space and time enjoy another quality that the dancer or puppeteer moving in single space and time does not enjoy, and this is the lack of gravity. The disproportion between the size of the puppet or mask and its movement can be exaggerated because the puppeteer is free to move it in disproportionally larger movements compared to its size. As a result, the vocabularies of movement and gesticulation of all the puppets and masks moving in double space and time differ from those of dancers and puppeteers who perform in single space and time.

A masked dancer has to co-ordinate and harmonise the movements between all parts of his body with the mask. The puppeteer has to control his hand movement so he can co-ordinate the puppet's movement. The movement characteristic of a puppet or mask in double space and time is short, straight, disconnected, limited, exaggerated, distorted, disharmonious at times and agile. The dancer or puppeteer who moves in single space and time is characterised by movements that are rounded, graceful, harmonious, complete, free and proportional to the body. The puppet or masks which are gravity free are capable of exaggerating their movements to the point of absurdity - a great quality for effects of ridicule and grotesque.

c) The type of narration A very important distinction pointing to the essential difference between a mask and a puppet is the function of narration, which depends on the differentiation between puppet and mask.

We frequently wonder about the nature of the relationship between puppet theatre and mask theatre. For, if the function of a puppet is effectively to represent man by a mirror image, the mask would be the means for metamorphosis. (O. Darkowska-Nidzgorska, pg 19)

Undoubtedly, this difference in intensity between ritual-drama metamorphosis and secular-drama representation, that both the puppeteer and the dancer can go through, is reflected in the type of narration connected to each of them. But the distinction is not that simple because both puppeteer and masked dancer undergo a transformation of identity. In a ritual drama, they become something else, therefore go through a process of metamorphosis. In a secular drama, they play a role, therefore they represent a character.

During a ritual performance with puppets or masks, the spectators wear expressions of fear and seriousness because they truly believe in their mystical existence and magical power. At times, life and death depend on the mask or puppet's behaviour. During a secular performance, the responses of the spectators are usually joyful, entertained and relaxed. These differences are partly the result of the type of narration for each type of drama. The narration for masks or puppets in ritual drama is usually a type of monologue, for instance a holy, secret prayer, asking for blessing, while the narration for masks and puppets in secular drama is a dialogue drawn from reality.

Consequently, ritual masked dancers or puppeteers can manipulate an audience to a much greater degree because the spectators believe that the mask or puppet is possessed by a supreme power, and that the manipulator is both physically and emotionally possessed. Obviously, such power cannot be projected in the narration accompanying puppets or masks in a secular drama.

76

77

76. Gurunsi masked
    dancer/danseur
    Gurunsi masqué
    Village: Lio,
    Burkina Faso, Mali,
    1960

77. Gelede and ayoko,
    the masked clown
    on stilts/Gélédé et
    ayoko, le clown
    masqué sur échasses
    Benin
    From/de Huet, pg 85

74

74. Dancer with
    crocodile mask/
    danseur avec
    masque de crocodile
    Village Orodara,
    Burkina Faso, 1960

75. Crocodile puppet/
    marionnette
    crocodile
    Puppet festival in
    Jarabougou village,
    Koulikere, Mali/
    festival de
    marionnette du
    village Jarabougou,
    Koulikere, Mali
    Musée National,
    Bamako, Mali

75

TYPES DE MARIONNETTES AFRICAINES

La classification des marionnettes africaines comme objets multidimensionnels et multifonctionnels dépend des critères que l'on choisit comme base de classification. Quelles que soient les définitions sur lesquelles on s'arrêtera, il se trouvera des exceptions à la règle.

Quoique la classification générale dont fait état le chapître sur l'universalité des marionnettes puisse aider à comprendre leurs mécanismes, elle n'est guère utile dans le contexte africain, ses marionnettes n'ayant que peu de points en commun avec le concept occidental de la marionnette.

Conséquemment, il serait préférable de classer les marionnettes africaines en fonction de catégories uniques à leur continent.

En partant de la définition où la marionnette africaine est "**un objet sculpté de matériaux hétérogènes de type anthropomorphique et/ou zoomorphique, articulé ou inarticulé, manipulé par l'homme dans un contexte théâtral rituel ou profane afin d'animer l'histoire d'un personnage dans un dialogue tragique, lyrique ou satirique**," on arriverait à cinq options de classification: a) origine ethnique, b) catégories locales, c) position du marionnettiste, d) méthode de contrôle et e) fonction.

a) Classification par origine ethnique

Cette méthode serait idéale s'il y avait suffisamment d'information sur chaque groupe ethnique. Cependant, même si le style peut facilement dévoiler l'origine, il ne répond pas aux questions: qui l'a sculptée, quand, où et pour qui? De plus, une marionnette peut être sculptée dans une société, mais utilisée ailleurs. Donc, cette méthode ne donne pas une classification utile, quoiqu'idéalement il faille connaître l'origine ethnique.

b) Classification locale

La meilleure méthode de classification serait celle que les Africians utilisent. Par exemple, les Ibibio classent leurs marionnettes en deux groupes: Les belles et Les laides, alors que les Bozo, du Mali, selon Liking (pg 22), utilisent cinq critères: thème, costume, moment du spectacle, âge du personnage et type de manipulation.

Thèmes: *Sogow* - marionnettes et masques représentant gens et animaux; *Konow* - marionnettes représentant des oiseaux.

Costumes: *Bin-sogow* - marionnettes avec costumes de paille; *Fin-sogow* - marionnettes avec costumes en tissu.

Moment: *Telefe-sogow* - marionnettes actives de jour; *Sufe-sogow* - marionnettes actives de nuit (avec yeux en verre ou en miroir).

Age du personnage: *Sogow-ba* - représentant des adultes; *Sogow-den* - représentant des enfants.

Type de manipulation: *Sogow-kun* - têtes de marionnettes, masques et marottes manipulés par le porteur; *Manin* - petites personnes. Ces marionnettes populaires ont des mains et parfois des jambes articulées.

Si les classifications Ibibio et Bozo collent bien à la réalité de ces sociétés, elles ne peuvent servir auprès d'autres groupes ethniques.

c) Classification par la position du manipulateur

Cette classification comprend six catégories: au dessus de la scène, sous la scène, à côté de la scène, de l'arrière, et soit caché soit exposé. Ce critère de classification s'avère à toute fin utile impossible comme il y a non seulement insuffisance de données sur les techniques théâtrales, mais le marionnettiste, qui a toute liberté de d'improvisation et de flexibilité, adopte facilement plusieurs positions successivement tout en se servant d'une même marionnette, particulièrement lorsqu'elle est manipulée comme un masque.

d) Classification par la méthode de contrôle

Le type de contrôle est soit direct - la marionnette étant en contact avec la main du manipulateur - soit indirecte, ce dernier se servant de tiges ou de fils. Encore une fois un problème surgit en ce que de nombreuses marionnettes sont tenues par une main, alors que l'autre manie tige ou fils. De plus, les données fort incomplètes à ce sujet empêchent de se servir de cette méthode.

TYPES OF AFRICAN PUPPETS

African puppets can be classified in a number of ways depending on the criteria or definition chosen at the outset. Whatever parameters are chosen, there will be some that will refuse to conform to categories.

The general classification of puppets mentioned in the chapter on the Universality of puppets might help in understanding the various mechanisms of African puppets, but it cannot be applied to African puppets since they often bear little resemblance to the western concept of puppets.

Therefore, African puppets would perhaps best classified through a system of categories uniquely applicable to their continent.

On the basis of the definition of an African puppet as **"a mixed-media polychromed sculpted object of an anthropomorphic and/or zoomorphic image, articulated or not, manipulated by man in a ritual or secular drama in order to animate a character's story in a tragic, lyrical or satirical dialogue"**, there could be five options of classification, all of which bear weaknesses: a) ethnic origin, b) local categories, c) puppeteer's operating position, d) method of control and e) function.

a) Classification by Ethnic Origin

This method would be ideal if enough information was available for each ethnic group. However, though the style of a sculpted puppet is often enough to determine its origin, it does not answer questions such as who carved it, when and where, and for whom? Furthermore, a puppet can be carved in one society, but used in another. Therefore, this method cannot lead to a satisfactory classification, although ideally knowing the ethnic origin is essential.

b) Local Classification

The best way one could classify African puppets and masks is the way Africans themselves do it. For example, the Ibibio, in Nigeria, classify them in two groups: The beautiful and The ugly, while the Bozo, of Mali, according to Liking (pg 22), use five criteria: theme, costume, time of performance, age of the character and method of manipulation.

Themes: *Sogow* - puppets and masks representing people and animals; *Konow* - puppets representing birds.

Costumes: *Bin-sogow* - puppets with straw costumes; *Fin-sogow* - puppets with costumes made from material.

Time: *Telefe-sogow* - puppets which perform during the day; *Sufe-sogow* - puppets which perform at night (with glass or mirrored eyes).

Age of Character: *Sogow-ba* - represent adult characters; *Sogow-den* - represent child characters.

Method of Manipulation: *Sogow -kun* - head puppets, masks and stick puppets manipulated by the holders; *Manin* - little people. Those popular puppets have articulated hands and sometimes legs.

Though the Ibibio and Bozo classifications are perfect for their own puppets and masks, they cannot be applied to those of other ethnic groups.

c) Classification by the Puppeteer's Operating Position

There are six basic puppeteer positions: above the stage, below the stage, on the side, from the rear and either hidden or exposed. But this method is difficult to use since there is insufficient data on performance techniques and since the puppeteer, who has an immense liberty of improvisation and flexibility in using his puppets, will adopt different operating positions successively while using the same puppet (particularly when it is manipulated like a mask).

d) Classification by the Method of Control

Control can be either direct - actually holding the puppet in one's hand - or remote - controlling the puppet using a rod or strings. Again a problem arises as many African puppets are controlled by holding the puppet in one hand and using a rod or a string in the other hand. Furthermore, the current sporadic information on this method classification prevents its application.

TYPES DE MARIONNETTES AFRICAINES

e) Classification par fonction

Les marionnettes africaines peuvent être classées selon qu'elles servent dans un contexte **profane** ou **rituel**. F. Proschan les classe en trois domaines fonctionnels: **divination**, **pièces pour enfants** et les **grandes traditions, principalement de l'Afrique de l'Ouest**. Cependant, ces catégories se chevauchent et de nombreuses marionnettes appartiennent tant au monde rituel qu'au monde profane, tous deux puisant fortement dans les traditions. Dans de nombreux autres cas, des marionnettes remplissent le même rôle que d'autres types de scuptures. Il y a aussi le manque de documentation qui empêche de déterminer la fonction précise de chaque marionnette. Cette classification laisse donc à désirer.

Comme tous les critères mentionnés ci-dessus mènent à des impasses, je propose une classification qui se base sur les facettes visuelles et tangibles, ce qui donne trois groupes: 1) marionnettes et masques articulés, 2) marionnettes et masques non-articulées et 3) autres types.

1) Marionnettes et masques articulés

Les marionnettes et masques articulés sont faits de plusieurs morceaux de bois. Leurs parties sont jointes par cordes, ficelle, clous, tissu, tiges, etc. de façon à permettre leur mobilité. Il est à noter que l'articulation en Afrique ne s'applique pas qu'aux marionnettes comme on l'a déjà pensé. Elle se retrouve dans tous les types de sculptures (voir 78 à 80). Il est aussi important de noter que certaines marionnettes faites de plusieurs morceaux de bois sont ainsi jointes qu'elles forment un tout inarticulé (voir 81, 107). Ce n'est que techniquement qu'elles appartiennent au groupe des marionnettes articulées. Cette catégorie intermédiaire comprend de nombreux masques et marionnettes. Par exemple, dans les mascarades Edo, le masque que porte le danseur est fait de plusieurs morceaux, mais n'est pas articulé. Il est contrôlé et manipulé d'un seul bloc par les ficelles que le danseur tient et qui sont fixées de chaque côté du masque (voir 108).

On peut les diviser davantage en trois sous-groupes selon leur type de manipulation: a) tiges, b) fils et c) mouvement.

a) manipulation par tige

Certaines marionnettes sont manipulées à l'aide d'une tige de métal, ou parfois de bois, qui transperce le corps de la marionnette et est reliée à diverses parties du corps telles que le menton (voir 86), le cou (89), les bras (88) et la langue, tige que le marionnettiste actionne généralement par en-dessous. Parfois, la tige est également reliée à des fils, ce qui permet de faire bouger un plus grand nombre de parties, dont les bras et les jambes (voir 87).

Un bon exemple de manipulation par tige est fourni par les marionnettes Ekon qui,

> se distinguent des figures articulées destinées à d'autres fins par la tige d'un pied ou deux de long qui se trouve sous les pieds de la sculpture. Le marionnettiste tenait sa marionnette par cette tige et la brandissait au dessus de sa tête pendant le spectacle. Toutes les marionnettes ont des bras mobiles attachés aux épaules et la main droite est fréquemment ainsi faite qu'elle est préhensible. Souvent la mâchoire inférieure est articulée et dans certains cas la tête pivote et l'articulation au cou est cachée par du tissu. (Scheinberg 1; voir 86, 87)

b) manipulation par fils

Il s'agit de manipulation par cordes, ficelle ou fils de métal, généralement par en dessous, le marionnettiste tirant sur les fils qui contrôlent les parties articulées.

Dans certains cas rares, la marionnette à fils est manipulée par le haut, à l'européenne. C'est le cas d'une marionnette d'initiation Malkong du nord du Togo (voir 110d). Il y a aussi le cas d'une marionnette découverte par le conservateur principal d'Ethnologie du Musée national du Botswana et sculptée par Nicholas Kgothi (The Zebra's Voice, pg 27; voir 24).

D'autre part, il y a les marionnettes à orteil que Proschan a décrites comme des marionnettes d'enfant fort populaires dans les régions Bantou. Mais il n'est pas net, à partir des descriptions existantes, si elles sont toujours articulées, quoiqu'elles soient manipulées par les ficelles qui sont tendues entre les orteils du marionnettiste. Parfois, le cas des Tulukutu de la Zambie de l'ouest et des Kaka du Cameroun, ces marionnettes sont articulées (voir 110b, 110c).

Appartient également à cette catégorie la marionnette Zulu dont la danse est contrôlée par le marionnettiste qui tire et pousse sur un fil de métal au rythme d'une guitare (Grossert, pg 39; voir 26).

TYPES OF AFRICAN PUPPETS

e) Classification by Function

African puppets can be classified according to whether they are used for **secular** or **ritual** drama. F. Proschan classifies African puppets in three functional realms: puppetry used in **divination**, puppetry used in **children's plays** and 'the great African **puppetry traditions centered in West Africa**'. However, these categories overlap and many puppets relate to both rituals and popular entertainment, both of which are well-rooted in tradition. In many other cases puppets serve the same function as other types of African sculpture. Also, there often is a lack of detailed information, which prevents us from determining the precise function of each and every puppet. Therefore, this classification is wanting.

In view of the difficulty in using the foregoing classifications, I propose a classification based on the visual and tangible components, dividing them into three groups: 1) articulated puppets and masks, 2) non-articulated puppets and masks and 3) others types.

1) Articulated Puppets and Masks

Articulated puppets and masks are carved from more than one piece of wood, with their different parts connected by joints, such as cord, string, nail, cloth and rod so as to allow the various parts to move. One might point out that articulation is not unique to African puppets as previously thought, but appears also in all other types of African sculpture (see 78 to 80). Another important point to consider is that some puppets, although carved from more than one piece of wood are joined in such a fashion as to form a rigid entity (see 81, 107). Technically, these puppets belong to the articulated group but in all practicality are manipulated as one piece, like non-articulated puppets. Many puppets and masks fit into this "middle" category. For example, in the Edo masquerades the mask on the dancer's head is carved from many separate pieces which are attached rigidly and cannot be articulated. Yet it is controlled and manipulated as one single piece by the strings that the dancer holds and which are connected to either side of the mask (see 108).

Articulated puppets can be further divided into three subgroups according to their means of manipulation: a) by rod, b) by string and c) by movement.

a) manipulated by rod Some puppets are manipulated by a metal or sometimes wood rod which travels through their body and are connected to various parts, such as chin (see 86), neck (see 89), arms (see 88) and tongue, and manipulated by the puppeteer usually from below. Sometimes, the rod is also connected to strings which allows a greater number of pieces, such as arms and legs, to move (see 87).

A good example of an articulated puppet manipulated by a rod is the Ekon puppets which,

> are distinguishable from the jointed wood figures meant for other purposes by the handle projecting a foot or two below the feet of the carving. The puppeteer held the puppet by this handle and extended the figure over his head when performing. All puppets have moveable arms, joined at the shoulder and frequently the right hand is adapted to hold props. Often, the lower jaw is articulated and some puppets have heads which can swivel, the joint at the neck distinguished with cloth. (Scheinberg 1; see 86, 87)

b) manipulated by string Articulated puppets can be manipulated by rope, string, cord or wire. They are usually manipulated from below by the puppeteer who pulls the strings which control the articulated parts.

There are rare cases where the string puppet is manipulated from above, like the European marionettes. Such is the case with the Malkong initiation puppets, from Northern Togo (see 110d). Another fascinating example of a puppet manipulated by strings from above was found by the Senior Curator of Ethnology from the National Museum in Botswana and carved by Nicholas Kgothi (The Zebra's Voice 27) (see 24).

Then there is the case of the toe puppet, which Proschan has described as children's puppets that are very popular throughout Bantu Africa. From some of the descriptions available, it is not clear if toe puppets are always articulated, although they are all manipulated by strings which are stretched between the puppeteer's toes. In some cases, as with the Tulukutu of

70

TYPES DE MARIONNETTES AFRICAINES

Il se peut aussi qu'une marionnette africaine soit manipulée simultanément par fil et par tige, particulièrement au Mali. Cependant, comme de nombreuses marionnettes appartenant à des collections et musées, surtout les plus vieilles, ne sont pas décrites correctement, on peut difficilement savoir comment elles étaient manipulées.

c) manipulation par mouvement Chez les marionnettes faites de plusieurs morceaux de bois, tout comme chez les masques, il y a des cas d'assemblage non conventionnel. Les liens sont libres, sans fils ou tiges que le marionnettiste pourra actionner. Plutôt, les parties sont jointes par des cordes ou autre matériel à chaque extrémité.

Lorsque le marionnettiste ou le danseur se meut, les parties articulées s'animent. L'exemple typique est celui de la marionnette, plus souvent le masque, dont la mâchoire inférieure bouge ou ballotte quand le danseur se déplace (voir masques articulés 82, 83, 84, 115). Ces parties animées par le mouvement comprennent les oreilles, la langue, la tête et les mains (voir 116 à 118b).

Les devins Pende du Zaïre se servent d'une marionnette-masque Galukoshi très rare et fascinante qui est fixée à une structure extensible en bois qui permet au devin de surprendre ses spectateurs en propulsant vers eux et en ramenant vers lui ce masque miniature (voir 118c, 118d).

Il est important de noter que dans certains cas la manipulation peut être à la fois par fils, tige et mouvement.

Marionnettes articulées/Articulated Puppets

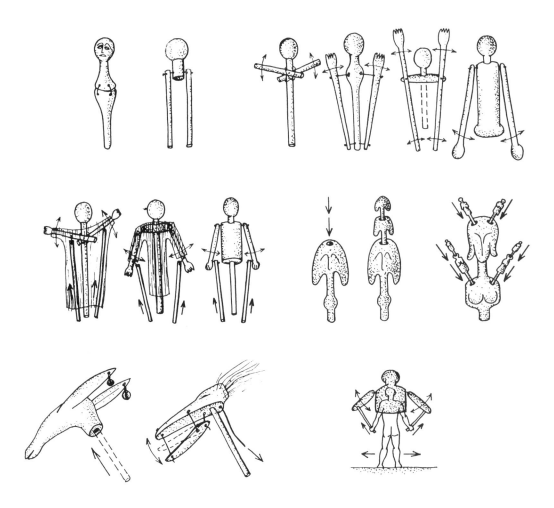

71

Western Zambia and the Kaka of Cameroon, the puppets are articulated (see 110b, 110c).

Another puppet in the string category is the Zulu wire puppet which is made to dance up and down by a puppeteer who pushes and pulls the wire to the rhythm of a guitar (Grossert, pg. 39) (see 26).

It should be pointed out that many African puppets can be manipulated simultaneously by string and rod, the case of many Malian puppets. However, since many puppets belonging to collections and museums, particularly older ones, are not described properly, one can hardly determine how they were manipulated.

c) manipulated by movement As with many articulated masks, some puppets although carved from a few pieces of wood are not connected or jointed in the "conventional" sense. The con-

nection is loose, without strings or rods that can be pulled or pushed by the puppeteer. Instead they are jointed loosely, for example by cords which are attached at both ends. When the puppeteer or dancer moves, the articulated parts also move. The best example illustrating this method is a puppet, or more often a mask, whose lower jaw moves or flaps as the dancer moves (see articulated masks 82, 83, 84, 115). The parts that are manipulated by movement can include ears, tongue, head or hands (see 116, 118b).

A very rare and interesting Galukoshi puppet-mask used by the Pende diviners in Zaire is attached to an accordion-like wooden device which allows the diviner to propel and retrieve the miniature mask toward the spectators, thus surprising them (see 118c, 118d).

It is important to note that in some articulated puppets and masks different means can be used to move various parts, i.e. one part by rod, one by string and another by movement.

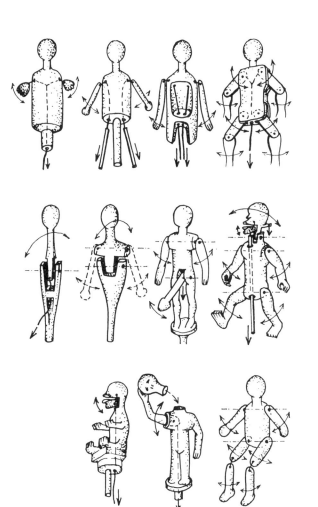

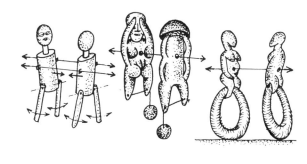

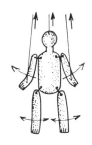

85. Various articulated puppets as drawn by P.Pereplys in Darkowska-Nidzgorska, O., pg 242-244/diverses marionnettes articulées telles que dessinées par P. Pereplys dans Darkowska-Nidzgorska, O., pg 242-244

TYPES DE MARIONNETTES AFRICAINES

2) Marionnettes et masques non-articulés

Les marionnettes et masques à images anthropomorphiques et/ou zoomorphiques sculptés dans un seul morceau de bois peuvent appartenir à six catégories: a) marotte, b) coiffure, c) héaume, d) épaule, e) corps ou de type bouclier et f) visage.

Dans ces cinq dernières catégories, le masque peut être parfois marionnette, lorsque le manipulateur passe au double temps-espace, et devient effectivement un marionnettiste. Réciproquement, le marionnettiste qui adopte le principe du temps-espace simple devient danseur, sa marionnette masque. Conséquemment, cette classification doit comprendre les catégories b, c, d, e et f lorsque la manipulation est en double temps-espace.

a) marottes Il s'agit de marionnettes comportant une image taillée au sommet de bâtons ou de manches de tailles diverses. Généralement, elles sont manipulées par en-dessous et tenues verticalement comme dans le cas des marionnettes Kébe Kébe, des Kuyu du Congo (voir 119, 124). Le marionnettiste se cache dans un costume en forme de tente (voir 125). Toutes ces marottes sont en fait manipulées comme des baguettes de danse, sauf que le danseur est vu des spectateurs, tandis que le marionnettiste est habituellement dissimulé.

Certaines marottes sont tenues à l'horizontale, le cas de la plupart des marionnettes d'animaux ou d'oiseaux chez les Bozo et les Bamana du Mali. Le marionnettiste est caché sous une cage qui sert de corps de l'animal ou de l'oiseau (voir 207, 208).

Quoique tenues par une poignée comme des marottes, plusieurs marionnettes maliennes (voir 93, 94), ainsi que certaines des Ibibio du Nigeria (86, 87) et des Baga de la Guinée, peuvent être articulées.

b) coiffures - marionnettes, masques? L'objet sculpté est tenu sur la tête du manipulateur et fait corps avec lui, par exemple, les coiffes des Bamana (voir 147 à 150), Senufo (146), Ekoy (151), Bozo (145) et Kurumba (142).

c) héaumes - marionnettes, masques? L'objet sculpté tubulaire couvre la tête de son porteur et repose parfois sur son épaule (voir 154 à 162).

d) marionnettes, masques d'épaule? L'objet sculpté est grand et parfois fort lourd et repose sur les épaules du porteur, par exemple chez les Baga (voir 163), Bacham (167) et Mumuye (166), ainsi que le Yayoroba des Bamana (164, 165).

e) masques ou marionnettes? de type armure ou bouclier L'objet sculpté est si grand qu'il couvre le corps du porteur au complet (voir 168) ou est tenu devant lui comme un bouclier, le cas des Nafana (voir 169) ou couvre le dos du danseur Suku (170).

f) marionnettes, masques? de visage L'objet sculpté couvre le visage du danseur qui est caché sous un costume destiné à déformer son corps (voir 171 à 180).

Ces données indiquent que plus l'objet sculpté est éloigné du corps du manipulateur, le cas de la majorité des marionnettes articulées, plus il s'apparente à une marionnette, et plus il fait corps avec son manipulateur, le cas généralement des objets non-articulés décrits en b, c, d, e, et f, plus il s'apparente à un masque. Evidemment, il y a de nombreux cas qui dérogent à cet énoncé.

73

TYPES OF AFRICAN PUPPETS

2) Non-articulated Puppets and Masks

Puppets and masks with anthropomorphic or zoomorphic images carved from a single piece of wood can be divided into six categories: a) stick, b) headdress, c) helmet, d) shoulder, e) body or shield-like and f) face.

In the latter five categories, a mask can at times become a puppet, when the manipulator uses the principle of double time and space. In such cases, the masked dancer has in effect become a puppeteer. Conversely, when the puppeteer uses the principle of single time and space, his puppet becomes a mask and he a dancer. Therefore, this classification has to include the b, c, d, e and f categories when they are manipulated in double time and space.

a) Stick puppets These are puppets with an image carved on the top of sticks or handles in various sizes. In most cases they are manipulated from below and are held vertically like the Kebe Kebe Kuyu puppets from Congo (see 119, 124). The puppeteer is hidden under a tent-like costume (see 125). All stick or handle puppets are practically manipulated like dance wands. But whereas a dancer using a dance wand is exposed, a puppeteer using a stick puppet is usually hidden.

Some stick puppets are used in a horizontal position. Most of the animal and bird puppets of the Bozo and Bamana from Mali fall into this type. The puppeteers are hidden under a tented cage which serves as the animal or bird's body (see 207, 208).

Some the Malian puppets (see 93, 94), as well as others from the Ibibio (Nigeria) (see 86, 87) and Baga (Guinea), although held by a handle like a stick puppet are also capable of being articulated.

b) Headdress puppets, masks? The sculpted object is held on the head of the manipulator and moves as he moves, for example, the headdresses of the Bamana (see 147 to 150), Senufo (see 146), Ekoy (see 151), Bozo (see 145) and Kurumba (see 142).

c) Helmet puppets, masks? The sculpted object, shaped like a tube, fits over the head of the manipulator and sometimes lean on the shoulder (see 154 to 162).

d) Shoulder puppets, masks? The sculpted object is large and sometimes quite heavy and therefore supported by the manipulator's shoulders, the case with the Baga (see 163), the Bacham (see 167) and the Mumuye (see 166), as well as the Yayoroba of the Bamana (see 164, 165-).

e) Body or shield-like puppets, masks? The sculpted object is large enough either to cover the entire body of the manipulator (see 168) or held in front like a shield by the Nafana (see 169) or covers the back of the Suku dancer's body (see 170).

f) Face puppets, masks? The sculpted object covers the face of the manipulator while he is hidden under a costume which serves to distort his body (see 171 to 180).

As can be seen from the above, the more removed the sculpted object is from the manipulator's body, as is the case in most articulated puppets, the more it tends to be like a puppet, and the closer it is to the body of the manipulator, as is mostly the case with non-articulated puppets (B, C, D, E and F above), the more it tends to be a mask. Of course many examples can be found which are exceptions to this conclusion.

74

3) Autres types de marionnettes

Il y a de nombreuses marionnettes qui ne se rangent pas dans les catégories 1) ou 2), faute de données suffisantes. Par exemple, P.A. Talbot, qui a décrit un spectacle Akan de marionnettes en 1915 au Nigeria, définit les marionnettes à différents moments comme grigri, images, fétiches, figures et parfois marionnettes.

> Pour ce spectacle, une corde est tendue entre les branches supérieures de deux grands fromagers distancés d'un centaine de verges et maintenue raide grâce aux efforts de nombreux hommes. L'image en grand apparat grimpe dans un arbre, danse vers l'autre sur la corde puis redescend au sol. (Talbot, 692) (voir 204)

Sa description ne permet pas de savoir si la marionnette est articulée, ni comment elle est manipulée.

Dans un autre cas, le manipulateur suspend une marionnette à une ficelle tendue entre une jambe et un bâton tenu à une distance de quelques pieds. La marionnette est debout sur le sol mais se meut de concert avec la jambe du marionnettiste, ce qui imprime un mouvement vertical de va-et-vient à la ficelle (A. Le Court, 71) (voir 189).

On peut également classer comme marionnette une sculpture représentant le personnage de Mami Wata (voir 186a), la Mère Eau en pidgin, qui figure dans des spectacles de marionnettes pendant les festivals Ekon. Elle joue dans diverses cérémonies de culte et est

> un esprit apparemment "étranger". Les peuples africains du Sénégal à la Tanzanie empruntent des images et idées exotiques, les interprètent en fonction de leurs préceptes indigènes, leur donnent de nouvelles significations, puis les recréent et les représentent de façon nouvelle et dynamique pour servir leur propre besoins esthétiques, pieux et sociaux. (Drewal, 10)

La mascarade Lo Gue du Burkina Faso est un autre cas que l'on peut relier aux marionnettes. Elle est exécutée par les Zara du Burkina Faso. La danse des masques blancs se retrouve partout dans le monde islamique avec le Gyinna-Gyinna comme personnage central.

> Les costumes masqués sont austères et très articulés, ce qui permet aux danseurs de se mouvoir de façon quasi irréelle...La hauteur compte beaucoup car le Gyinna-Gyinna doit dominer toutes les autres formes masquées...cette hauteur provient d'une crête en bois munie de 12 à 16 gougeons verticaux qui sortent de la tête. Ils forment, avec la partie voilée du visage, la tête de l'être...Le reste du corps est enveloppé dans un linge blanc....Tout habillé, le Gyinna-Gyinna fait presque huit pieds et est un symbole de suprématie spirituelle. (Bravmann, 51)

Dans les festivals de la Lanterne en Sénégambie et au Sierra Leone, on retrouve des objets théâtraux, y compris un type particulier de marionnette. Cet événement se produit habituellement la veille de Noël, pendant le congé du Jour de l'An ou pendant le Ramadan. Ces festivals comprennent de nombreux types d'objets théâtraux, dont les images masquées des lanternes et des marionnettes. L'un d'entre eux est la lanterne de Yaskey (voir 184 à 186). Elle est ainsi sculptée que les déplacements des figures ressemblent à ceux de marionnettes à fils.

> Cinq hommes cachés sous une plateforme actionnent les images de mascarade en tirant sur des cordes. L'artiste s'était servi de ressorts et de cannes pour suspendre les costumes et relier les membres des personnages. (Nunley, 48)

Les poupées Kanuri en tapis des Katsina, Kano, Zaria et Bida du nord du Nigeria ont été décrites par Ellison. La main s'y glisse comme dans un gant et les doigts s'insèrent dans les mains de la poupée. On peut classer ces poupées comme des marionnettes non-sculpturales.

Les objets théâtraux que l'on peut aussi classer comme marionnettes sont les instruments musicaux à images anthropomorphiques ou zoomorphiques (voir 43 à 46). Ils véhiculent des images symboliques pendant les cérémonies rituelles. L'un des exemples les plus fascinants est fourni par les cornes anthropomorphiques Nsiba dont se servent les Bembé du Bas Congo (voir 47). Elles sont tenues parfois comme des marionnettes.

Ces exemples démontrent que l'on peut manipuler une grande variété d'objets comme des marionnettes. Cependant, la documentation étant incomplète j'ai choisi de clore ce résumé ici.

3) Other Types of Puppets

Beyond the puppets belonging to the two preceding categories there are numerous on which the information is insufficient to determine their category. For example, when P.A. Talbot described an Akan puppet show in 1915 in Nigeria, he sometimes defined the puppets as Juju, sometimes as Images, sometimes as Fetishes or Figures and sometimes as Marionettes.

> For this performance a rope is stretched from the higher branches of two tall cotton trees, some hundred yards distant from one another, and kept as taut as may be by the efforts of many men. The "image" in full paraphernalia, climbs up the one tree, then dances right across the rope and descends by the other. (Talbot, pg 692) (see 204)

From his description, it is not clear if these dancing puppets were articulated or not or exactly how they were manipulated.

Another type of puppet is suspended on a string which is stretched between the leg of a puppeteer and a stick held several feet away. The puppets rest on the ground but moves as the puppeteer moves his leg, causing the string to rise and fall. (A. Le Court, 71) (see 189)

Another example which might be classified as a puppet is the sculpture representing the character of Mami Wata (see 186a), pidgin English for Mother Water, which appears at the same time in the Ekon festivals during puppet show. She performs in various worship ceremonies and is

> a water spirit believed to be 'foreign'. African people from Senegal to Tanzania take exotic images and ideas, interpret them according to indigenous precepts, invest them with new meanings, and the recreate and represent them in new and dynamic ways to serve their own aesthetic, devotional and social needs. (Drewal, 10)

The Lo Gue masquerade from Burkina Faso is another example which might be considered as being related to puppets. It is performed by the Zara of Burkina Faso. The dance of the white masks appears throughout the Islamic world and its central figure is the Gyinna-Gyinna.

The mask costumes are stark and strongly articulated allowing the dancing forms to move in almost an ethereal manner...Height is important, for the Gyinna-Gyinna must stand above all other masked forms...height is achieved by a wooden crest with twelve to sixteen vertical dowels that issue above the head. These, along with the cloth face portion of the mask, form the head of the being...The rest of the body is enveloped in white cloth...Fully clothed, Gyinna-Gyinna stands nearly eight feet tall, a symbol of spiritual supremacy. (Bravmann, 51)

Theatrical objects including a particular type of puppet appear in the Lantern festivals in Senegambia and Sierra Leone. These are usually held on Christmas eve, during the New Year holiday or during Ramadan. These kinds of festivals include many types of theatrical objects, among them masking images in lanterns and puppets. One such object is Yaskey's lantern (see 184 to 186). It is carved in such a way that the movements of the figures resemble those of string puppets.

> Five men concealed under the platform operate the masquerade images above by pulling cords. The artist used springs and cane to suspend the costumes and to connect the joints of the figures. (Nunley, 48)

The Kanuri rug dolls from Katsina, Kano, Zaria, and Bida in Northern Nigeria, described by Ellison are slipped onto the hand like gloves, fingers inserted into the hands of the doll. These may also be classified as non-sculptural hand puppets.

Other theatrical objects which could be considered as puppets are musical instruments with anthropomorphic or zoomorphic images (see 43 to 46). These transfer symbolic images in ritual ceremonies. One of the most fascinating examples of this type are the anthropomorphic horns used by the Bembé from Lower Congo called Nsiba (see 47). They are at times held like puppets.

These examples, numerous as they are, do not represent the full range of African puppets. But due to lack of documentation, I have chosen to end this summary here.

78

80

79

78. Puppet figure with articulated arms/ marionnette avec bras articulés Nyamwezi, Tanzania/Tanzanie Wood and metal/ bois et métal Kahan Gallery, New York

79. Puppet figure representing chief's wife, with articulated arms and legs/ marionnette représentant la femme du chef, avec bras et jambes articulés Ibo, Nigeria Wood/bois Leonard and Judith Kahan, New Jersey

80. Articulated figure/ personnage articulé Ibo, Nigeria Wood with white pigment/bois avec pigment blanc Author's coll. de l'auteur

84

83

82

81. Head mask with
turtle, bird and
snake/masque de
tête avec tortue,
oiseau et serpent
Gelede, Yoruba,
Nigeria
Wood with black,
red, yellow and
white paint/bois
avec peinture noire,
rouge, jaune et
blanche
Kristian and Sharon
Kudrnac, Montreal

82. Deformity mask
with exposed nasal
cavity and teeth, ar-
ticulated jaw/
masque de
déformité avec
cavité nasale et
dents exposées, et
mâchoire articulée
Ibibio, Nigeria
Leonard and Judith
Kahan, New Jersey

83. Mask with articu-
lated jaw and inset
teeth/masque avec
mâchoire articulée
et dents incrustées
Ogoni, Nigeria
Wood/bois
Leonard and Judith
Kahan, New Jersey

84. Mask with articu-
lated jaw and
bowler hat/masque
avec mâchoire
articulée et chapeau
melon
Ogoni, Nigeria
Wood/bois
Leonard and Judith
Kahan, New Jersey

81

87

86

86. Seated puppet with articulated arms, legs, head and jaw, manipulated by rod/ marionnette assise avec bras, jambes, tête et mâchoire articulés, manipulée par une tige
Ibibio, Nigeria
Mixed media/ matériaux divers, 68 cm
Royal Ontario Museum, Toronto

87. Puppet with articulated arms, legs and jaw, manipulated by rod/ marionnette avec bras, jambes et mâchoire articulés, manipulée par une tige
Ibibio, Nigeria
Mixed media/ matériaux divers, 96 cm
Afrika Museum, Berg en Dal, Holland/Hollande

88

88. Standing figure with
    articulated arms
    (one missing) and
    jaw, manipulated by
    rod/personnage
    debout avec bras (un
    manquant) et
    mâchoire articulés,
    manipulé par une
    tige
    Ibibio, Nigeria
    Wood and nails/bois
    et clous, 62 cm
    See inside front
    cover for colour
    photo/voir photo
    couleurs, couverture
    avant intérieure
    Galerie Amrad

91

90. Puppet head,
    manipulated by rod,
    many parts missing/
    tête de marionnette,
    manilulée par une
    tige, incomplète
    Ibibio?, Nigeria
    Painted wood/bois
    peint, 57 cm
    See inside front
    cover for colour
    photo/voir photo
    couleurs, couverture
    avant intérieure
    Galerie Amrad

91. Puppet head,
    manipulated by rod,
    many parts missing/
    tête de marionnette,
    manilulée par une
    tige, incomplète
    Ibibio?, Nigeria
    Painted wood/bois
    peint, 23 cm
    See inside front
    cover for colour
    photo/voir photo
    couleurs, couverture
    avant intérieure
    Galerie Amrad

90

81

92

92

89. Standing figure
puppet on handle,
with articulated
arms (one missing)
and jaw, manipu-
lated by metal rod/
personnage debout
sur un manche avec
bras (un manquant)
et mâchoire
articulés, manipulé
par une tige de
métal
Ibibio, Nigeria
Wood and nails/bois
et clous, 69 cm
See inside front
cover for colour
photo/voir photo
couleurs, couverture
avant intérieure
Galerie Amrad

92. Two views of a stick
puppet manipulated
by wood rods, dress
lifted to show the
rods/deux angles
d'une marotte
manipulée par des
tiges de bois, robe
retroussée pour
montrer les tiges
Bamana, Mali
Wood, poly-
chromed, and
fabric/bois,
polychrome, et
tissu, 40 cm
Galerie Amrad

89

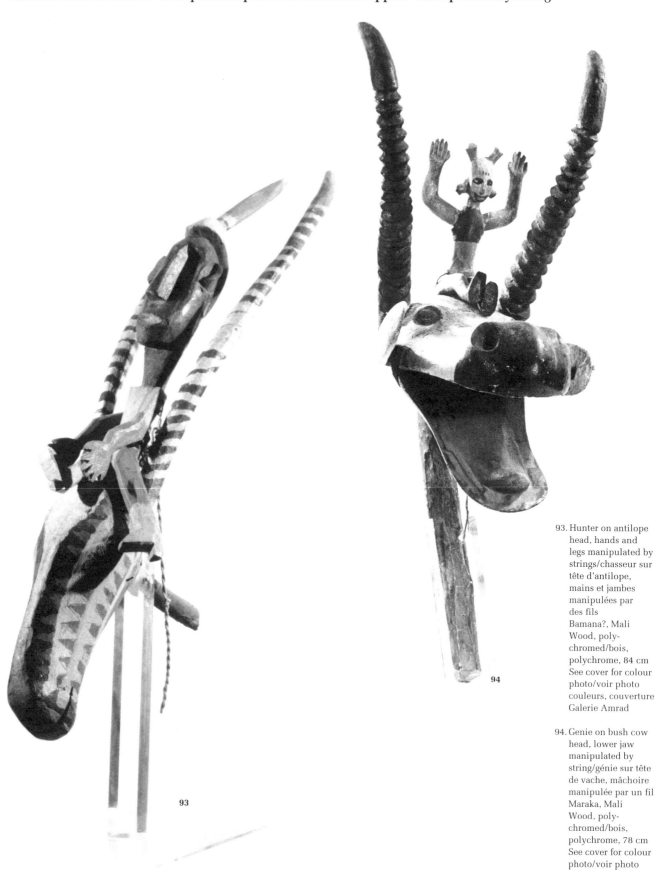

93

94

93. Hunter on antilope
   head, hands and
   legs manipulated by
   strings/chasseur sur
   tête d'antilope,
   mains et jambes
   manipulées par
   des fils
   Bamana?, Mali
   Wood, poly-
   chromed/bois,
   polychrome, 84 cm
   See cover for colour
   photo/voir photo
   couleurs, couverture
   Galerie Amrad

94. Genie on bush cow
   head, lower jaw
   manipulated by
   string/génie sur tête
   de vache, mâchoire
   manipulée par un fil
   Maraka, Mali
   Wood, poly-
   chromed/bois,
   polychrome, 78 cm
   See cover for colour
   photo/voir photo
   couleurs, couverture
   Galerie Amrad

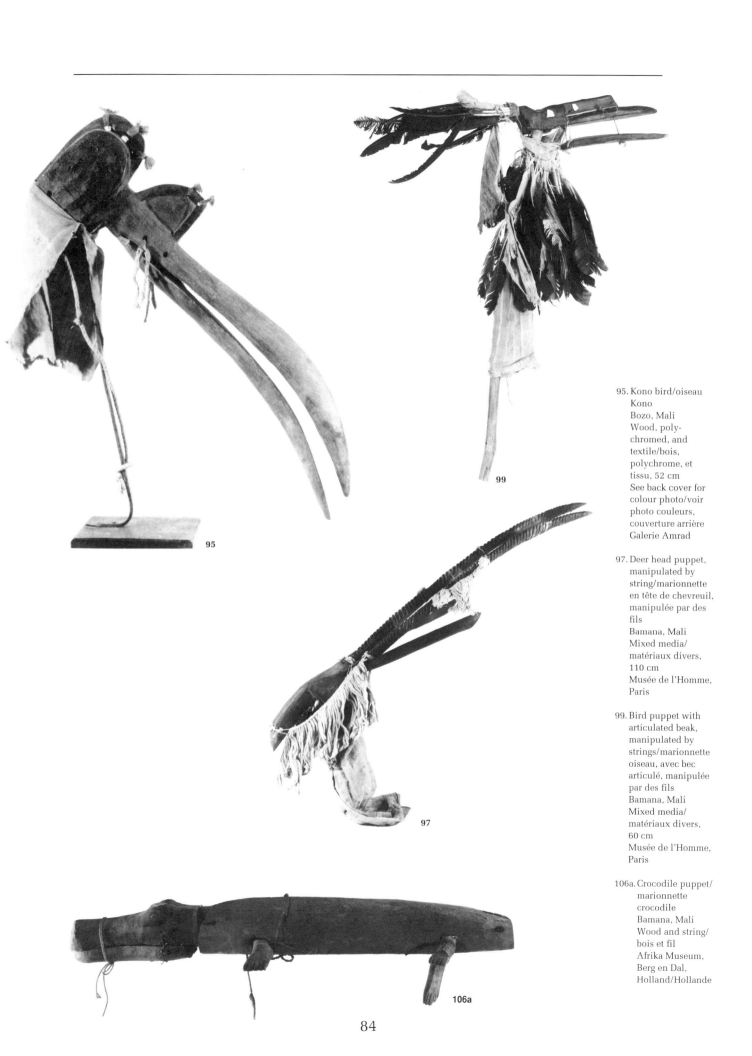

95 Kono bird/oiseau
Kono
Bozo, Mali
Wood, poly-
chromed, and
textile/bois,
polychrome, et
tissu, 52 cm
See back cover for
colour photo/voir
photo couleurs,
couverture arrière
Galerie Amrad

97 Deer head puppet,
manipulated by
string/marionnette
en tête de chevreuil,
manipulée par des
fils
Bamana, Mali
Mixed media/
matériaux divers,
110 cm
Musée de l'Homme,
Paris

99 Bird puppet with
articulated beak,
manipulated by
strings/marionnette
oiseau, avec bec
articulé, manipulée
par des fils
Bamana, Mali
Mixed media/
matériaux divers,
60 cm
Musée de l'Homme,
Paris

106a Crocodile puppet/
marionnette
crocodile
Bamana, Mali
Wood and string/
bois et fil
Afrika Museum,
Berg en Dal,
Holland/Hollande

95

99

97

106a

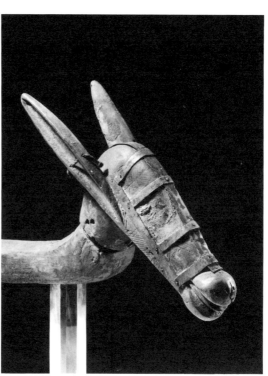

104

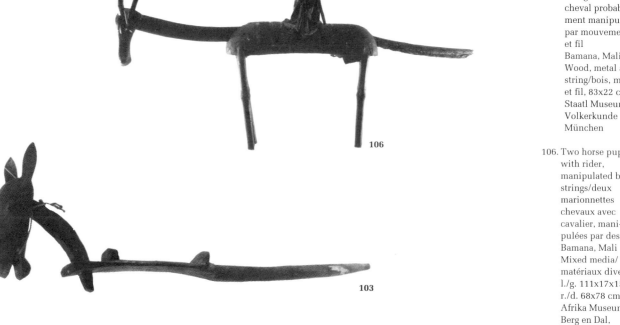

106

106

103

103. Hobby-horse for
play and ritual,
made by Kore
Dugaw society/
tête de cheval
servant au jeu et
au rituel, faite par
la société Kore
Dugaw
Bamana, Mali
Wood/bois, tail/
queue 71.3 cm,
Seat/siège 49.5 cm
Afrika Museum,
Berg en Dal,
Holland/Hollande

104. Hobby-Horse,
with head
probably
manipulated by
movement and
string/tête de
cheval probable-
ment manipulée
par mouvement
et fil
Bamana, Mali
Wood, metal and
string/bois, métal
et fil, 83x22 cm
Staatl Museum fur
Volkerkunde
München

106. Two horse puppets
with rider,
manipulated by
strings/deux
marionnettes
chevaux avec
cavalier, mani-
pulées par des fils
Bamana, Mali
Mixed media/
matériaux divers,
l./g. 111x17x15,
r./d. 68x78 cm
Afrika Museum,
Berg en Dal,
Holland/Hollande

100

96

102

98

96. Articulated manin, manipulated by string/marionnette manin manipulée par des fils
Bamana, Mali
Wood and textile/ bois et tissu, 26 cm
Galerie Amrad

98. Abdulay male puppet, manipulated by string/marionnette Abdulay mâle, manipulée par un fil
Bamana, Mali
Mixed media/matériaux divers, 90 cm
Musée de l'Homme, Paris

100. Female puppet manipulated by string/marionnette femelle manipulée par un fil
Bamana, Mali
Mixed media/ matériaux divers, 83 cm
Musée de l'Homme, Paris

102. Double-faced puppet manipulated by string/ marionnette à double visage manipulée par un fil
Marka, Mali
Mixed media/ matériaux divers, 71 cm
Afrika Museum, Berg en Dal, Holland/Hollande

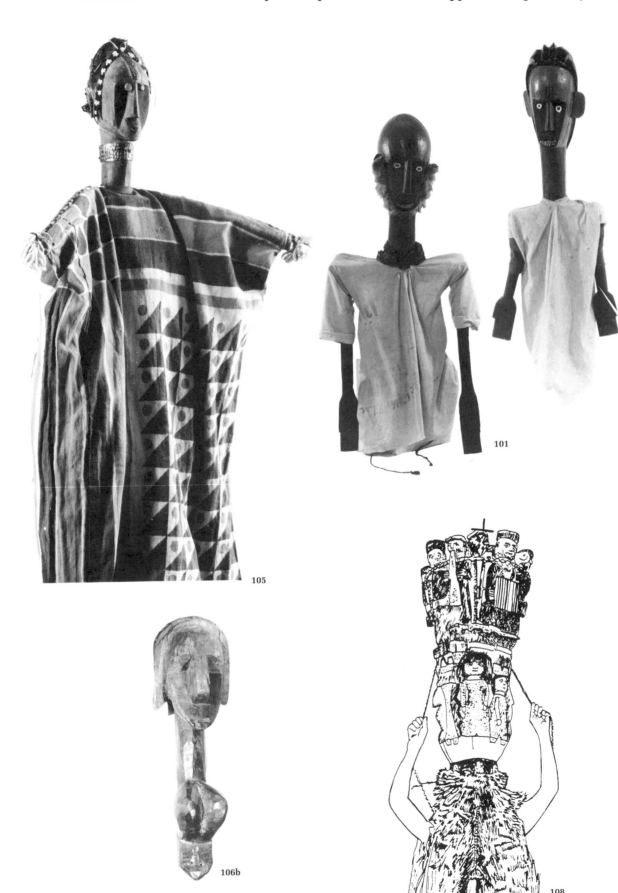

101. Two male puppets, manipulated by strings/deux marionnettes mâles manipulées par des fils
Bamana, Mali
Mixed media/ matériaux divers, 115 and/et 99 cm
Afrika Museum, Berg en Dal, Holland/Hollande

101

105. Merin puppet, manipulated by strings/marionnette Merin manipulée par des fils
Bamana, Mali
Mixed media/ matériaux divers
Puppentheater-sammlung
Der Stadt, München

105

106b.Non-articulated female torso puppet manipulated by string/ torse de marionnette femelle non-articulée manipulée par un fil
Bamana, Mali, Wood/bois, 31 cm
Galerie Amrad

106b

108. Edo masquerader wearing cap headdress with articulated figural superstructure/ danseur de mascarade Edo portant une coiffe surmontée d'une superstructure à figure articulée
Otuyoyema, Nigeria
From/de Borgatti, pg 36

108

87

107

110

110a

107. Horse puppet
manipulated by
string/marionnette
cheval manipulée
par un fil
Bamana, Mali
Mixed media/
matériaux divers
12.5x5.2x72.4 cm
Katherine White
coll. Seattle Art
Museum

110. Female puppet
Bozo, Mali
Wood, poly-
chromed/bois,
polychrome,
48 cm
Galerie Amrad

110a. Female puppet,
manipulated by
string at shoulder
and elbow/
marionnette
femelle manipulée
par des fils aux
épaules et aux
coudes
Bamana, Mali
Wood, poly-
chromed/bois,
polychrome
Gallery DeRoche,
San Francisco
Scott McCue
photo

101

110d

110d. Puppet used in a Malkong initiation/marionnette servant pendant une initiation Malkong Danaye, Northern Togo/Togo du nord Wood, gourd, polychromed, wire, bottle top/bois, gourde, polychrome, fil et capsule de bouteille From/de D. Nidzgorski

109. Male and female puppets, probably manipulated by strings/marion-nettes mâle et femelle, probable-ment manipulées par des fils Bamana - Bozo, Mali Wood and metal/bois et métal, 67x77 cm Frank Robichez, Paris

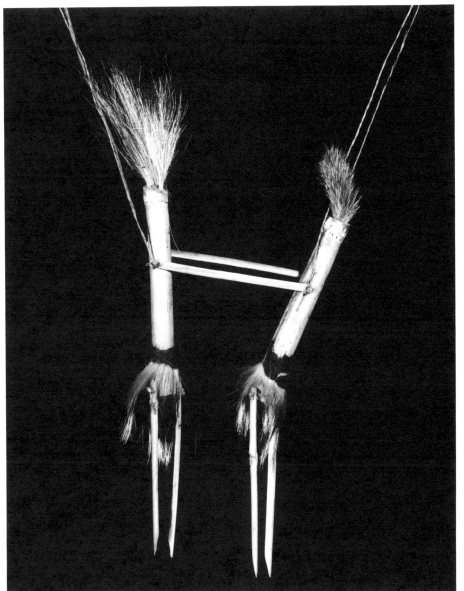

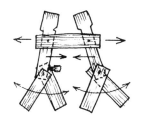

110b

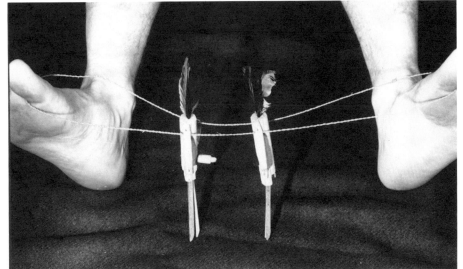

110c

110b. Toe puppet/
marionnette à
orteil
Tulukutu,
Western Zambie/
Zambie de l'Ouest
Wood and straw/
bois et paille
The Pittsburg
Children's
Museum

110c. Toe puppet/
marionnette à
orteil
Kaka, Cameroun
Wood, leather and
string/bois, cuir
et fil
Pitt Rivers
Museum, Univ. of
Oxford

110e

110e. Gelede helmet
mask with two
puppets/masque
Gélédé avec deux
marionnettes
Yoruba, Nigeria
Wood, poly-
chromed, cord/
bois, polychrome,
corde,
diam.: 50 cm
The Fine Arts
Museums of San
Francisco

118a

112

112. Janus female
    puppet with two
    small removable
    puppets/
    marionnette
    femelle Janus avec
    deux petites
    marionnettes
    amovibles
    Bamana, Mali
    Wood and brass/
    bois et cuivre
    jaune, 106.5 cm
    National
    Museums of
    Canada, Ottawa

118a. Puppet antilope
    with four horns,
    two of them
    bearing five
    miniature human
    heads in relief/
    marionnette
    antilope avec
    quatre cornes,
    deux d'entre elles
    portant chacune
    cinq tête hu-
    maines miniatures
    en relief
    Bozo, Mali
    Wood, poly-
    chromed, metal
    strips, cloth/bois,
    polychrome,
    languettes de
    métal, tissus,
    142 cm
    Dwight A. Strong,
    San Francisco
    photo, Scott
    McCue

92

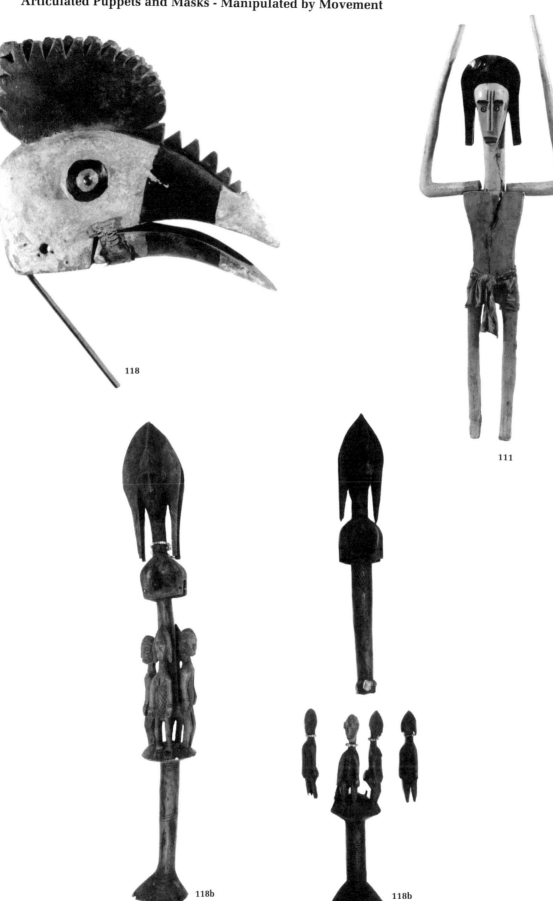

118

111

118b

118b

111. Articulated puppet/marion-
    nette articulée
    Bamana, Mali
    Wood and textile/
    bois et textile,
    113 cm
    Afrika Museum,
    Berg en Dal,
    Holland/Hollande

118. Kono bird puppet,
    lower jaw
    articulated/
    marionnette
    d'oiseau Kono
    avec mâchoire
    inférieure
    articulée
    Bozo?, Mali
    Wood, poly-
    chromed, rubber/
    bois, polychrome,
    caoutchouc,
    28 cm
    See inside back
    cover for colour
    photo/voir photo
    couleurs,
    couverture arrière
    intérieure
    Galerie Amrad

118b. Two views of
    Janus torso
    puppet with four
    small movable
    puppets/deux
    angles d'une
    marionnette Janus
    avec quatre petites
    marionnettes
    amovibles
    Bamana, Mali
    Wood/bois, 50 cm
    Glenbow
    Museum, Calgary

115. Two views of an
     articulated mask
     manipulated by
     movement/deux
     angles d'un
     masque articulé
     manipulé par
     mouvement
     Ngere, Liberia
     Wood, textile,
     animal teeth,
     human hair and
     leather charms/
     bois, tissu, dents
     d'animaux,
     cheveux humains
     et amulettes en
     cuir
     Author's coll. de
     l'auteur

Marionnettes et masques articulés - manipulation par mouvement
Articulated Puppets and Masks - Manipulated by Movement

113

116

113. Head puppet mask with articulated jaw/ tête de marionnette avec mâchoire articulée
Bamana, Mali
Wood, polychrome (red, black and white), with iron strips and mirrors/bois, polychrome (rouge, noir et blanc), avec languettes de fer et miroirs
Todd and Lees Siler
Cambridge, Mass.

114. Mask with articulated jaw and five plaited hair points/ masque avec mâchoire articulée et cinq pointes de cheveux tressés
Ogoni, Nigeria
Wood/bois
Leonard and Judith Kahan, New Jersey

116. Gelede mask with soldier as superstructure with articulated hand manipulated by movement/ masque gélédé avec soldat comme superstructure et main articulée
Yoruba, Nigeria
Wood, polychromed/bois, polychrome
Author's coll. de l'auteur

117. Puppet with articulated arms/ marionnette avec bras articulés
Ibibio, Ekon Society/Société Ekon, Nigeria
Wood, pigment and nails/bois, pigment et clous
James and Marjorie Wilson, New Jersey

114

117

95

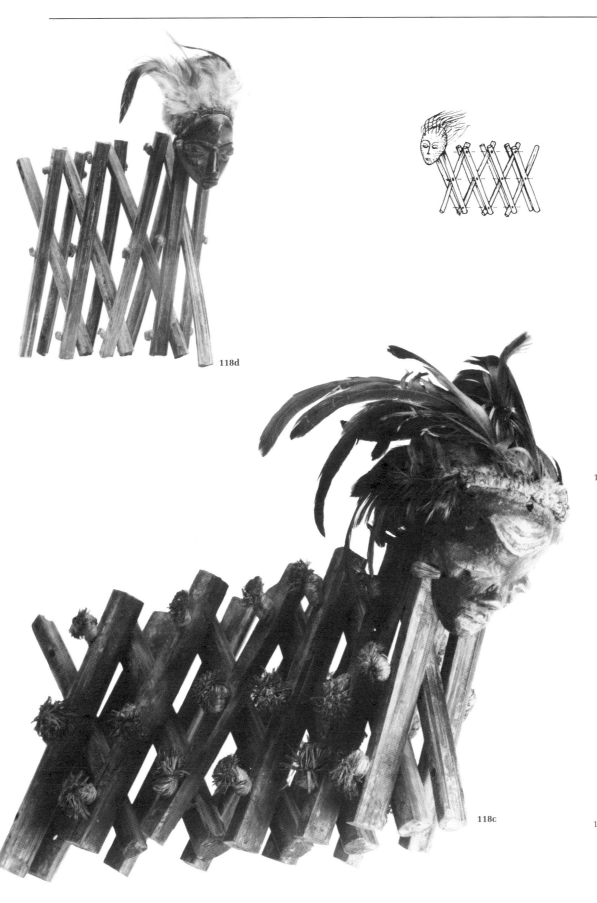

118d

118c

118c. Galukoshi
divinatory mask
puppet attached
to extensible
wood strips,
propelled and
retrieved by the
diviner/
marionnette-
masque Galukoshi
miniature de
divination
attachée à une
structure en bois
extensible,
propulsée et
recouvrée par le
devin
Pende, Zaïre
closed/fermée
19 cm
extended/
détendue 80 cm
Janine & Michael
Heymann, San
Francisco
Scott McCue
photo

118d. Galukoshi
divinatory mask
puppet/ marion-
nette-masque
Galukoshi de
divination
Pende, Zaïre
Jim Haas, San
Francisco

Marionnettes non articulées - marottes ou marionnettes à poignée
Non-articulated Puppets - Stick or Handle Puppets

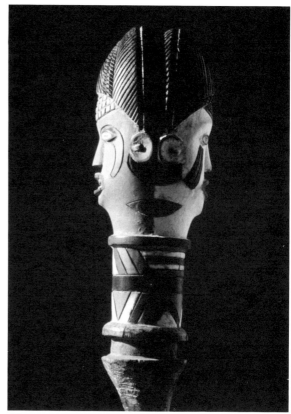

127

119

126

119. Kebe-kebe
    puppet/marion-
    nette kebe-kebe
    Kuyu, Congo
    Wood, poly-
    chromed/bois,
    polychrome
    Private coll.
    privée, New York

126. Kebe-kebe puppet
    with colonial hat/
    marionnette kebe-
    kebe avec casque
    colonial
    Kuyu, Congo
    Wood, poly-
    chromed, with
    animal hair/bois,
    polychrome, avec
    poil d'animaux
    Karen and
    Richard Venezky,
    Newark

127. Kebe-kebe
    puppet/marotte
    kebe-kebe
    Kuyu, Congo
    Wood, poly-
    chromed/bois,
    polychrome,
    43 cm
    Private coll.
    privée, Switzer-
    land/Suisse
    photo, Karl
    Ferdinand
    Schaedler

127b

127a

125 Kebe-kebe stick
puppet in
performance/
marotte kebe-kebe
en action
From/de Huet,
photo 241

127a. Kebe-kebe
puppet/marotte
kebe-kebe
Kuyu, Congo
Wood, poly-
chromed/bois,
polychrome,
50 cm
Gallery DeRoche,
San Francisco
Scott McCue
photo

127b. Kebe-kebe
puppet/marotte
kebe-kebe
Kuyu, Congo
Wood, poly-
chromed/bois,
polychrome,
48 cm
Dwight A. Strong,
San Francisco
Scott McCue
photo

125

98

Marionnettes non articulées - marottes ou marionnettes à poignée
Non-articulated Puppets - Stick or Handle Puppets

120   121   122   123   124

120. Kebe-kebe
puppet/marion-
nette kebe-kebe
Kuyu, Congo
Wood, poly-
chromed/bois,
polychrome,
42 cm
Galerie Amrad

121. Kebe-kebe
puppet/marion-
nette kebe-kebe
Kuyu, Congo
Wood, poly-
chromed/bois,
polychrome,
38 cm
Galerie Amrad

122 Kebe-kebe
puppet/marion-
nette kebe-kebe
Kuyu, Congo
Wood, poly-
chromed/bois,
polychrome,
41 cm
Galerie Amrad

123. Kebe-kebe
puppet/marion-
nette kebe-kebe
Kuyu, Congo
Wood, poly-
chromed/bois,
polychrome,
39 cm
Galerie Amrad

124. Kebe-kebe
puppet/marion-
nette kebe-kebe
Kuyu, Congo
Wood, poly-
chromed/bois,
polychrome,
39 cm
Galerie Amrad

128

129

128. Female torso
handle puppet/
marionnette à
poignée à torse
féminin
Baga, Guinea/
Guinée
Wood, poly-
chromed/bois,
polychrome,
87 cm
Musée des Arts
africains et
océaniques, Paris

129. Female torso
handle puppet/
marionnette à
poignée à torse
féminin
Baga, Guinea/
Guinée
Wood, poly-
chromed/bois,
polychrome,
71 cm
Musée des Arts
africains et
océaniques, Paris

141

130

130. Female torso handle puppet/ marionnette à poignée à torse féminin
Baga, Guinea/ Guinée
Wood, poly-chromed/bois, polychrome
Leonard and Judith Kahan, New Jersey

141. Tsongo-tsongo (swallow) handle puppet/marion-nette à poignée tsongo-tsongo (hirondelle)
Mitsogho, Ghetsogho village, Gabon
Wood coloured with white clay and charcoal, raphia/bois coloré à l'argile blanche et au charbon de bois, raphia
From D. Nidzgorski
Musée des Arts et Traditions du Gabon, Libreville

132

131. Female handle
puppet/marion-
nette à poignée
femelle
Bozo?, Mali
Wood and metal/
bois et métal,
34 cm
Agnes Etherington
Art Centre,
Queen's
University,
Kingston

132. Female torso
handle puppet/
marionnette à
poignée à torse
féminin
Bamana, Mali
Wood/bois, 77 cm
Galerie Amrad

131

133

135

133. Two views of a
     Janus female torso
     puppet/deux
     angles d'une
     marionnette Janus
     à torse féminin
     Bamana, Mali
     Wood/bois
     The African Art
     Museum of
     S.A.M. Fathers,
     New Jersey

135. Two handle
     puppets/deux
     marionnettes à
     poignée
     Bamana, Mali
     Wood/bois, 16 cm
     and/et 18 cm
     Galerie Amrad

136. Male and female
     Janus handle
     puppets/
     marionnettes
     Janus mâle et
     femelle à poignée
     Bamana, Mali
     Wood/bois, 20 cm
     and/et 21 cm
     Galerie Amrad

136

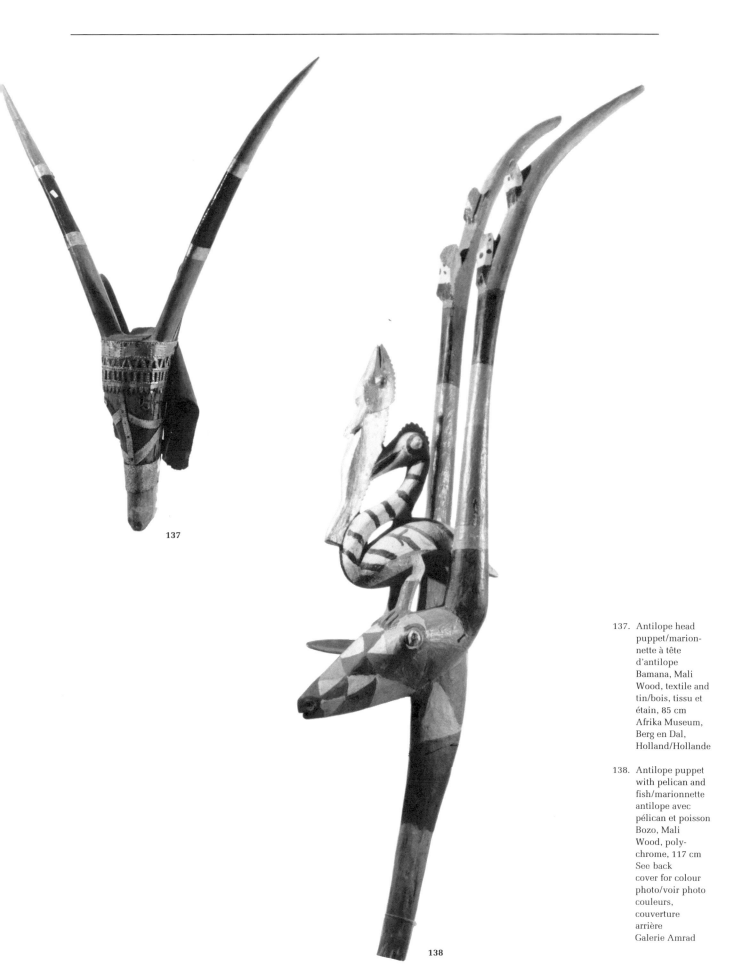

137

138

137. Antilope head
puppet/marion-
nette à tête
d'antilope
Bamana, Mali
Wood, textile and
tin/bois, tissu et
étain, 85 cm
Afrika Museum,
Berg en Dal,
Holland/Hollande

138. Antilope puppet
with pelican and
fish/marionnette
antilope avec
pélican et poisson
Bozo, Mali
Wood, poly-
chrome, 117 cm
See back
cover for colour
photo/voir photo
couleurs,
couverture
arrière
Galerie Amrad

Marionnettes non articulées - marottes ou marionnettes à poignée
Non-articulated Puppets - Stick or Handle Puppets

140

134. Male handle
puppet with bell/
marionnette mâle
à poignée avec
cloche
Bamana, Mali
Wood, metal and
straw/bois, métal
et paille, 66 cm
Afrika Museum,
Berg en Dal,
Holland/Hollande

139. Stick puppet with
head/marotte avec
tête
Ibibio?, Nigeria
Wood, poly-
chromed/bois,
polychrome
Galerie Amrad

140. Doll puppet/
poupée marion-
nette
Mozambique
Wood and textile/
bois et tissu,
58 cm
A.M. Sauter,
Lauzanne

134

141a. Ritual puppet
      head/Tête de
      marionnette de
      rite
      Lumbo, Gabon
      Wood, white and
      black paint/bois,
      peinture blanche
      et noire, 23 cm
      Dwight A. Strong,
      San Francisco
      photo, Scott
      McCue

Marionnettes et masques de coiffure/Headdress, Puppets and Masks

142. Antilope
headdress/coiffure
d'antilope
Kurumba, Burkina
Faso
From/de Huet,
photo 114

143. Antilope
headdress/coiffure
d'antilope
Kurumba, Burkina
Faso
Wood, poly-
chromed/bois,
polychrome,
91 cm
Galerie Amrad

144. Antilope
headdress/coiffure
d'antilope
Kurumba, Burkina
Faso
Wood, poly-
chromed/bois,
polychrome,
94 cm
Arlene Havrot,
Montreal

145. Antilope puppet/
marionnette
antilope
De Be marionette
festival, Jara-
bougou village,
Fulikoro region,
Bozo, Mali
Festival De Be de
la marionnette,
village Jara-
bougou, région de
Fulikoro, Bozo,
Mali
Photo, M. Samake
Musée National
de Bamako, Mali

107

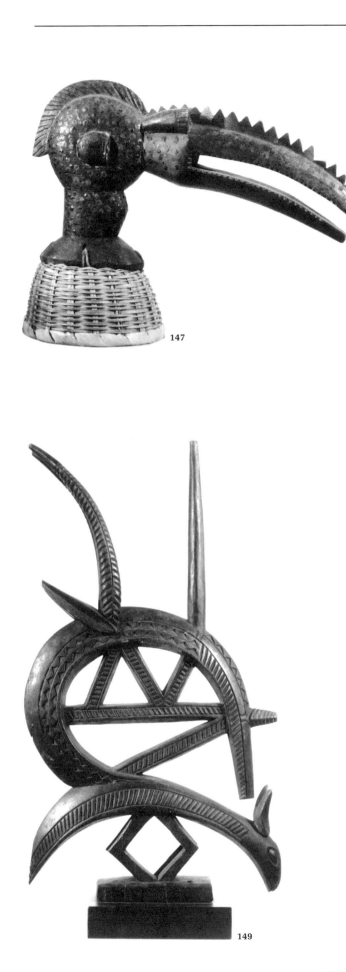

146. Bird headdress/
coiffure d'oiseau
Mossi, Burkina
Faso
Wood and leather/
bois et cuir, 41 cm
Private coll.,
Montreal

147. Bird headdress/
coiffure d'oiseau
Bamana?, Mali
Wood, poly-
chromed, with
basket hat/bois,
polychrome, avec
casque en
vannerie, 44 cm
Galerie Amrad

148. Chiwara head-
dress/coiffure
chiwara
Bamana, Mali
Wood, basket,
rope and straw/
bois, panier, corde
et paille, 35 cm
Galerie Amrad

149. Chiwara head-
dress/coiffure
chiwara
Bamana, Mali
Wood, heavy
blackish patina/
forte patine
noirâtre, 45 cm
Galerie Amrad

150

151

152

150. Long-necked
    female headdress/
    coiffure femelle
    au long cou
    Bamana, Mali
    Wood and metal
    strips/bois et
    languettes de
    métal, 87 cm
    photo,
    D. Panopalis
    Maison Alcan,
    Montreal

151. Janus headdress
    with two horns/
    coiffure Janus
    avec deux cornes
    Ekoi, Nigeria
    Wood/bois, 49 cm
    Author's coll. de
    l'auteur

152. Headdress/
    coiffure
    Tikar, Cameroun
    Bronze, 28 cm
    Author's coll. de
    l'auteur

153. Dancer with fire spitter mask/ danseur avec masque crachant du feu
Senufo, Ivory Coast/Côte d'Ivoire
From/de Huet, photo 139

154. Fire spitter mask with double head and two chameleons/ masque crachant du feu avec deux caméléons, 93 cm
Senufo, Ivory Coast/Côte d'Ivoire
Galerie Amrad

110

155

155. Helmet mask/
héaume
Mende, Sierra
Leone
Wood and twisted
rope/bois et corde
tressée
Private coll.
privée, New York

156. Deguele helmet
mask, female/
héaume Déguélé,
femelle
Used in the upper
grades of the Lo
Society/réservé
aux dignitaires de
la Société Lo
Wood/bois,
85x23.5 cm
Senufo, Ivory
Coast/Côte
d'Ivoire
Musée des Beaux-
Arts de Montréal

156

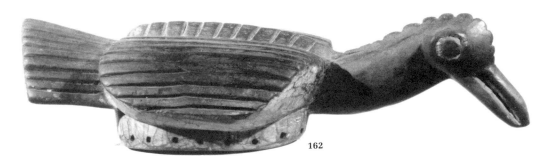

162

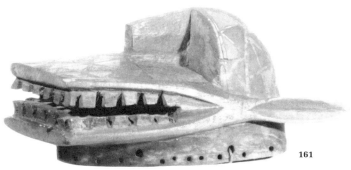

161

157

157. Helmet mask/
    héaume
    Kuba, Zaïre
    Wood, poly-
    chromed/bois,
    polychrome,
    42x31 cm
    Galerie Amrad

161. Helmet hyena
    mask/héaume
    d'hyène
    Bamana, Mali
    Wood, poly-
    chromed/bois,
    polychrome,
    32 cm
    Galerie Amrad

162. Helmet bird mask/
    héaume d'oiseau
    Grassland/prairie,
    Cameroun
    Wood, poly-
    chromed/bois,
    polychrome,
    59 cm
    Author's coll. de
    l'auteur

158. Masked dancer/
danseur masqué
Bobo, Orodara
village, Burkina
Faso, 1960

113

160

159

159. Epa cult helmet
     mask with
     kneeling female/
     héaume de culte
     Epa, avec femme à
     genoux
     Yoruba, Nigeria
     Wood, poly-
     chromed/bois,
     polychrome,
     130 cm
     Israel Museum,
     Jerusalem

160. Gelede helmet
     mask, with
     standing female
     on head/héaume
     Gélédé avec
     femme debout sur
     la tête
     Yoruba, Nigeria
     Wood with black
     patina/bois avec
     patine noire,
     63 cm
     Norma Singer-
     man, Montreal

160a. Gelede masked
     dancer holding a
     child puppet/
     danseur masqué
     Gélédé tenant une
     marionnette
     d'enfant
     Yoruba, Nigeria
     From/de Huet,
     pg 86

160a

114

164

165

164. Yayoroba
shoulder puppet
mask/masque
marionnette
d'épaule Yayoroba
Bamana, Mali
Wood, poly-
chromed/bois,
polychrome
83 cm
Front cover/
couverture
Galerie Amrad

165. Merekum,
probably used on
a shoulder/
Merekum, ayant
probablement
servi sur une
épaule
Bamana, Mali
Wood and tin/bois
et étain,
46 cm
Musée des Beaux-
Arts de Montréal

163

167

166

163. Nimba shoulder
puppet (?) mask/
marionnette (?)
masque d'épaule
Nimba
Baga, Guinea/
Guinée
Wood/bois, 98 cm
Maison Alcan,
Montreal

166. Shoulder puppet
mask/masque
marionnette
d'épaule
Mumuye?,
Cameroun
Wood, poly-
chromed, white,
red and black/
bois, polychrome,
blanc, rouge et
noir, 156 cm
Author's coll. de
l'auteur

167. Large shoulder
puppet (?) mask/
grand masque (?)
marionnette
d'épaule
Bacham,
Cameroun
Wood/bois, 99 cm
Author's coll. de
l'auteur

168. Body puppet,
probably used in a
street dance/
marionnette de
corps, ayant
probablement
servi dans une
danse de rue
Yoruba or/ou Fon,
Nigeria
Wood, poly-
chromed/bois,
polychrome
Collection of the
Centre for
Puppetry Arts, gift
of Nancy Lohman
Staub, Atlanta

169

170

170

169. Shield-like mask/
     masque de type
     bouclier
     Nafana, Ghana
     Wood, poly-
     chromed/bois,
     polychrome,
     114 cm
     Galerie Amrad

170. Male and female
     face helmet, back
     mask with braids/
     héaume de figure,
     masque dorsal
     avec tresses
     Wood/bois, 97cm
     and/et 83 cm
     Suku?, Zaïre
     Author's coll. de
     l'auteur

173a

173

172

171

171. Nkolo mask, used
with puppet
show/masque
Nkolo, ayant servi
pendant un
théâtre de
marionnettes
Maraka, Mali
Wood, embossed
brass plate/bois,
plaque de cuivre
jaune estampé,
39 cm
Private coll.
privée, Montreal

172. Monkey masque/
masque singe
Bamana, Mali
Wood, brownish
patina/bois,
patine brunâtre,
42 cm
Author's coll. de
l'auteur

173. Face mask/
masque de visage
Dan, Ivory Coast/
Côte d'Ivoire
Wood, straw and
mud/bois, paille
et boue, 29 cm
Peter Amatuzio,
Montreal

173a. Face mask/
masque de visage
Guru, Ivory Coast/
Côte d'Ivoire
Wood, black
patina/bois,
patine noire,
26 cm
Peter Amatuzio,
Montreal

119

176

174

174. Kple-kple mask/
masque kple-kple
Baoulé, Ivory
Coast/Côte
d'Ivoire
Wood, poly-
chromed, red,
white and black/
bois, polychrome,
rouge, blanc et
noir, 42 cm
Kristian and
Sharon Kudrnac,
Montreal

175. White mask/
masque blanc
Baoulé, Ivory
Coast/Côte
d'Ivoire
Wood, poly-
chromed/bois,
polychrome,
38 cm
Author's coll. de
l'auteur

176. Double-faced
mask with female
figure on top/
masque à double
visage avec femme
sur le dessus
Baoulé, Ivory
Coast/Côte
d'Ivoire
Wood, poly-
chromed, black
and red/bois,
polychrome, noir
et rouge, 44 cm
Authors' coll. de
l'auteur

175

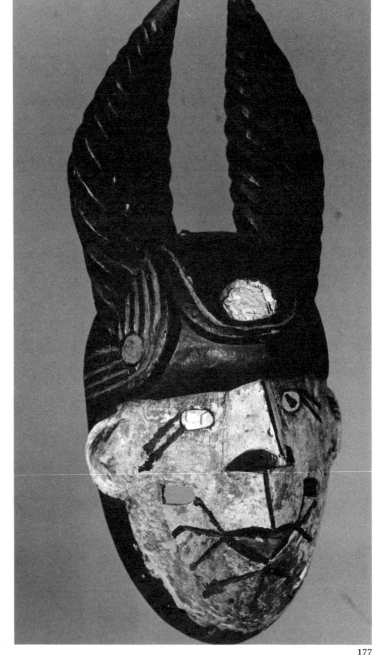

177

178

178. Mask/masque
Chockwe, Zaïre
Wood, brownish
patina/bois,
patine brunâtre,
36 cm
Private coll.
privée, Montreal

177. Face mask/
masque de visage
Ibo, Nigeria
Wood, poly-
chromed,
predominance of
white and black/
bois, polychrome,
prédominance de
blanc et de noir,
51 cm
Galerie Amrad

179

180

179. Kifwebe mask/
    masque Kifwebe
    Basonge, Central
    Congo/Congo
    central (?)
    Wood, raphia,
    feathers, animal
    hide and sacking/
    bois, raphia,
    plumes, peau
    d'animal et jute,
    127 cm
    Musée des Beaux-
    Arts de Montréal

180. Kifwebe mask/
    masque Kifwebe
    Basonge, Zaïre
    Wood, poly-
    chromed, black,
    white, light
    brown/bois,
    polychrome, noir,
    blanc et brun
    pâle, 56 cm
    Author's coll. de
    l'auteur

122

181. Nuturu-nusi water puppet manipulated on a moving pirogue/marionnette aquatique Nuturu-nusi manipulée sur une pirogue en déplacement Bozo, dô-bò Puppet festival in Jarabougou village, Koulikere, Mali/festival de marionnette dô-bò du village Jarabougou, Koulikere, Mali Musée National, Bamako, Mali

184

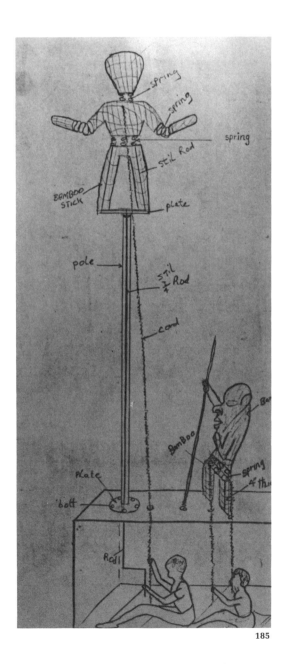

185

184. Mask lantern made by Eustache Yaskey for the Combo Super Stars Social Lantern Club in the early 1970s/ masque lanterne fait par Eustache Yaskey pour le Combo Super Stars Social Lantern Club au début des années 1970
Sierra Leone
From/de Nunley pg 48

185. Yaskey's diagram of the lantern shown in 184, showing construction and operators/ diagramme de Yaskey de la lanterne montrée en 184, détaillant la construction et les manipulateurs
From/de Nunley pg 48

124

Autres types de marionnettes/Other Types of Puppets

189

187

187. Unil, object-actor of
     a funeral ceremony/
     unil, objet-acteur
     d'une cérémonie
     funéraire
     Bassar, Togo
     Blackened raphia
     threads/fils de
     raphia noircis
     Jacek Jan Pawlick
     photo

188. Seated figures,
     probably part of a
     larger articulated
     structure for either
     Gelede masquerade
     or local puppet
     theatre/personnages
     assis, appartenant
     probablement à une
     structure articulée
     plus grande pour
     soit une mascarade
     Gélédé soit un
     théâtre de
     marionnettes
     Yoruba, Nigeria
     Wood, fabric and
     string/bois, tissu
     et fil
     The Center for
     Puppetry Art,
     Atlanta

189. Native "Guignol"
     (Punch)/guignol
     indigène
     Postcard produced
     by the Departmental
     Record Office of La
     Réunion/carte
     postale produite par
     les Archives dépar-
     tementales de la
     Réunion

188

125

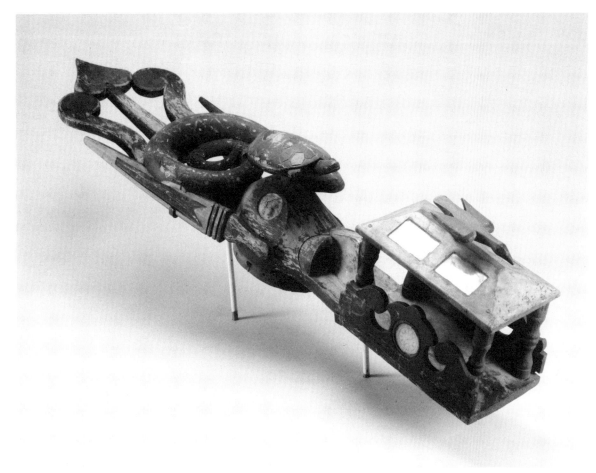

186a

186

186. Part of a puppet
theatre, boat and
characters/partie
d'un théâtre de
marionnettes,
bateau et
personnages
Baga, Guinea/
Guinée
Wood, poly-
chromed, white,
red, yellow and
green/bois, poly-
chrome, blanc,
rouge, jaune et
vert, 135 x 54
x 39 cm
Musée des Arts
africaines et
océaniques, Paris

186a. Mami Wata water
spirit mask
puppet/marion-
nette masque de
l'esprit aquatique
Mami Wata
Yoruba, Nigeria, c.
1850?
Wood/bois,
122 cm
The Fine Arts
Museums of San
Francisco

MATÉRIAUX, COULEURS ET DIMENSIONS

La gamme de materiaux, couleurs et dimensions des marionnettes africaines est vaste.

Matériaux

Leur matériau de base est le bois. Outre les clous, cordes, ficelles et tiges qui assemblent les marionnettes articulées, d'autres matériaux, dont le tissu, le cuir, la paille et le raphia, servent aux vêtements, et les perles, coquillages, peaux, languettes de métal, verre ou miroir et plumes servent à la décoration.

Couleurs

Traditionnellement, les teintures végétales ont servi à peindre les marionnettes sculptées, mais avec l'importation de couleurs modernes européennes l'assortiment de couleurs s'est considérablement élargi. On peut affirmer que les marionnettes sont les plus colorées des sculptures africaines, une plus grande gamme de couleurs vives parant non seulement leurs têtes mais aussi leurs costumes (les autres types de sculptures sont rarement habillées). Certaines marionnettes sont repeintes avant chaque spectacle. C'est pourquoi les couleurs des marionnettes plus vieilles, surtout celles exposées dans les musées et les collections privées, sont délavées (voir les marionnettes Ibibio plus vieille 86 et plus récente 89, et celles des Kuyu plus vieille 119 et plus récente 120).

Si l'on peint les marionnettes de couleurs si vives, c'est pour accroître leur visibilité, les faire surgir de la toile de fond. D'autre part, de nombreuses sociétés africaines considèrent que les couleurs ont des significations et des valeurs symboliques. Chez les Ibibio, au Nigeria,

les couleurs pâles, le blanc, le rose et le jaune, sont associées au bien, à la beauté et à la richesse, les foncées, le noir, le rouge et le brun foncé, au mal, à la laideur et à la pauvreté. Ce code de couleurs correspond au bon mfon ekpo et au mauvais idiok ekpo. Les couleurs pâles sont associées aux ancêtres, peut-être à cause de la coutume des Ibibio d'enduire leurs morts de craie. (Scheinberg, 2)

Dimensions

Les dimensions des marionnettes africaines varient également. Il y en a de très petites, le cas des marionnettes d'orteils (voir 110b, 110c). A l'autre extrême il y en a de très grandes, certaines atteignant 12 pieds, costume compris. Il ne faut pas oublier que la taille d'une marionnette dépend de la façon de la mesurer. Si l'on fait abstraction du costume, fréquemment le cas dans les musées, la taille peut induire en erreur. On ne peut vraiment mesurer une marionnette que sur scène.

Par exemple, Michael Huet montre (pg 144) une marionnette géante de boeuf d'une cérémonie d'initiation Kagba chez les Senoufo (voir dessin 192). Haute d'un mètre, elle est longue de cinq et manipulée par deux personnes sous elle. Ne mesurer que la tête sculptée serait trompeur.

Les danseurs/acrobates masqués de la région Man de la Côte d'Ivoire dansent sur des échasses, gesticulent de façon unique et font plus de quatre mètres (voir 191). Si on les considère comme des marionnettes mais qu'on ne mesure que leurs masques, la marionnette ne que fera 30 cm.

Quant aux coiffes d'antilopes des Kurumba, elles font un mètre environ, mais il faut aussi tenir compte de la taille des danseurs (voir 142).

Pour s'y bien retrouver il faut mesurer la marionnette dans son contexte théâtral, ce qu'a fait Mary Jo Arnoldi. Elle a décrit trois types de marionnettes du théâtre Segu comme étant de grandes marionnettes à tige de têtes d'animaux mesurant entre deux et six pieds.

La tête de la marionnette sort de l'avant d'une structure costumée qui sert de corps de l'animal. Le marionnettiste est caché dans le corps de l'animal d'où il manipule la tête. ...Des humains, animaux et esprits sont également représentés par un ensemble de marionnettes miniatures à tige et à tige et fil, de tailles variant de moins d'un pied à plusieurs pieds. Elles sortent de l'arrière de la scène costumée et sont manipulées par le bas par un jeu de tiges ou de poulies à tiges et fils. Il y a aussi un troisième type de marionnettes, soit des sculptures de tête et de torses d'êtres humains ou d'esprits. Ces marionnettes mesurent de un à quatre pieds et sont montées sur une armature costumée portée sur les épaules. Leurs bras sont sculptés séparément et manipulés par le danseur caché sous le costume. (Arnoldi, 92)

A la lumière de ces données, il est clair que les marionnettes africaines sculptées, lorsqu'on les compare aux autres types de sculptures des mêmes sociétés. existent non seulement dans une plus grande gamme de couleurs et de matériaux, mais aussi dans un plus vaste éventail de tailles, costumes compris.

MATERIALS, COLOURS AND SIZES

African puppets come in an endless variety of materials, colours and sizes.

Materials

Their basic carving material is wood. In addition to the nails, ropes, strings and rods which serve to hold together the articulated ones, other materials are added as well, such as textile, leather, straw, and raffia which dress them, and beads, shells, skin, metal strips, glass or mirror and feathers which are used as decoration.

Colours

Traditionally, vegetal dies were used to paint the sculptured puppets, but with the importation of modern colours from Europe the spectrum of available colours grew considerably. It is safe to say that puppets are more colourful than other types of African sculpture, since a greater range of vibrant colours is used to adorn not only their painted heads but also their costumes (other types of sculpture are rarely dressed). Some puppets are freshly painted before every performance. This is why older, traditionally-dyed puppets, particularly those found in museums and private collections, are faded (see older 86 and recent 89 Ibibio, and older 119 and recent 120 Kuyu puppets).

Undoubtedly, the reason puppets were painted in such vivid colours was to increase their visibility, to make them stand out dramatically from their background. Additionally, in many African societies colours carry symbolic meanings and values. The Ibibio in Nigeria believe that,

> light colours, white, pink, yellow, are associated with good, beauty and wealth. Dark colours, black, red, dark brown, are indications of evil, ugliness and poverty. This colour code relates to the good mfon ekpo and the evil idiok ekpo. Light colours are associated with the ancestors, perhaps originating from the custom among several Ibibio groups of painting corpses with chalk. (Scheinberg, 2)

Sizes

The **size** of African puppets varies as well. Some are very small, particularly toe puppets (see 110b, 110c). On the other hand, if we consider the size of the costume used, some are quite large and reach heights of approximately twelve feet.

One must remember that size depends on how it is measured. If it is stripped of its costume, as is often the case in museums, its size can be misleading. A puppet can only be properly measured when it is in use.

For example, Michael Huet shows a giant ox puppet (pg 144) performing in the Kagba initiation ceremony of the Senufo (see drawing 192). It is one metre high and five metres long and is inhabited by two manipulators. To measure only the sculpted head of the ox would be misleading.

The masked dancer/acrobats from the Man region of the Ivory Coast dance on stilts using unique puppet-like gesticulations and reach more than four metres (see drawing 191). If they are considered as puppets, but only their masks are measured, they would only be 30 cm. high.

The antelope headdresses that are used by the Kurumba in their dances are approximately one metre high, and the unknown height of the dancers must be considered as well (see 142).

Arnoldi underscores the need to consider the whole picture when evaluating a puppet's size. She described three types of puppets of the Segu theatre as large rod puppets representing animals heads measuring from two two six feet.

> The puppet head appears out of the front end of a costumed construction, which serves as the body of the animal. The puppeteer is hidden beneath the costumed stage and operates the head from below. ...Humans, animals and spirits are also represented by a set of miniaturized rod and rod-and-string puppets, which range in size from under a foot to up to several feet. They appear out of the back of the costumed stage and are operated from below by a series of rods or rod-and-string pulleys. A third type of puppet is a sculpture of a head and torso of a human being or spirit. These puppets range in size from one to four feet and are mounted on a costumed armature, which the puppeteers carry on their shoulders. The puppet's arms are carved separately and are manipulated by the dancer hidden underneath the costume. (Arnoldi, 92)

Given the foregoing, one can easily state that African sculptured puppets, when compared to other types of sculptures sometimes from the same societies, appear not only in a much larger variety of colours and materials, but also in a much large range of sizes when the costumes are taken into account.

190. Mali puppet and a cage, hidden by a blanket, from which the puppeteer worked/ marionnette du Mali et la cage, cachée par une couverture, dans laquelle se dissimulait le marionnettiste As exposed in the Musée de l'homme/telles qu'exposées au Musée de l'homme, Paris Bozo, Mali

192. Giant ox Nasolo performing in the Kagba ritual/boeuf géant Nasolo pendant un rite Kagba Senufo, Ivory Coast/Côte d'Ivoire From/de Huet, photo 141

191. Masked acrobat
performing in the
Man region/
acrobate masqué
se produisant
dans la région
Man Ivory Coast/
Côte d'Ivoire
From/de Huet,
pg 50

193. Bamun mask
presented in situ/
masque Bamun
pendant un
spectacle
Cameroun
From/de Huet,
photo 99

191

193

LE SCULPTEUR DE MARIONNETTES

Les marionnettes, tout comme les autres types de sculpture, sont souvent sculptées sur commande par le même artiste, d'où la fréquente similarité de style au sein d'une même société. Par exemple, les marionnettes Kuyu ressemblent aux figures humaines Kuyu (voir 197, 198). Celles des Ibibio sont faciles à identifier car elle comportent des éléments de traits et de style communs aux masques Ibibio (voir 199, 200). Dans certains cas, particulièrement au Mali, le forgeron sculpte les masques et les marionnettes qu'il peint des mêmes couleurs (voir 194 à 196).

Les Africains considèrent la sculpture comme un acte de création - de création de la vie. Comme avec toutes telles activités, la création d'une marionnette est associée à divers tabous et sanctions. Souvent, l'artiste est isolé, de façon à ce que rien ne le dérange pendant son travail. Parfois, il se soumet d'abord à un rite de purification, une période de jeûne ou encore il y a un sacrifice animal. Toutes ces coutumes sont bien structurées et comportent de nombreuses restrictions que le sculpteur doit observer. Que le sculpteur ou la société y déroge et il y aura punition. Toutes ces coutumes, qui varient d'une société à l'autre, reflètent non seulement la relation entre le sculpteur et son art, mais servent aussi à illustrer l'importance qu'accordent ces sociétés au sculpteur et à sa création.

Scheinberg rapporte que le sculpteur Ibibio qui crée les marionnettes et masques, et est l'un des principaux artistes des festivals Ekon, ne participe jamais à ces manifestations publiques.

Quoique les sculpteurs Ibibio travaillent généralement seuls dans leur enceinte, lorsqu'un sculpteur est embauché par la Société Ekon, il vit dans l'enceinte du chef du groupe. Pendant les quatre à huit semaines qu'il lui faut pour produire les objets requis, les membres du village de celui qui a passé la commande et le sculpteur n'ont pas le droit de se quereller. Quiconque se bat avec l'artiste engagé par la société doit payer une amende d'un coq, sacrifié ensuite au nom de l'esprit protecteur des Ekon. Sujet aux punitions de comportement de la société pour laquelle il travaille, le sculpteur est payé une fois son travail terminé et revient tous les ans pendant six ans avant un spectacle public pour réparer ou rafraîchir les objets. (Scheinberg, 3)

Lorsque le sculpteur termine une marionnette, son travail ne prend pas fin; pendant des années il demeure responsable de son entretien, de sa peinture et des réparations. Lorsqu'il est présent pendant un spectacle de marionnettes, c'est à simple titre de spectateur, comme tout le monde.

197. Stick puppet, mother holding child/marotte, mère tenant un enfant Kuyu, Congo Painted wood/ bois peint, 51.5 cm Stad Ethnografisch Museum, Antwerp/Anvers

131

THE PUPPET CARVER

Puppets, as other types of sculpture, are often carved on commission by the same carver, which explains the frequent similarity in style between puppets and other types of sculpture, within a particular society. For instance, Kuyu puppets resemble Kuyu human figures (see 197, 198). Likewise, Ibibio puppets are closely related in features and style to Ibibio masks (see 199, 200). In some cases, in Mali in particular, the blacksmith carves masks and puppets of the same style, painting them with the same colours (see 194 to 196).

Africans liken carving to an act of creation - life creation. As with all such activities, puppet creation is associated with various taboos and sanctions. In many cases, the artist is isolated, so he will not be disturbed in his act of creation. Sometimes he undergoes a purification process and/or fasts and/or an animal is ritually sacrificed. All of these customs are structured and impose restrictions that must be obeyed. Should the carver or the society break these rules, punishment follows. These customs reflect not only the relationship between the sculptor and his craft, but also serve to illustrate the value each society places on both the sculptor and his creation.

Scheinberg reports that the Ibibio carver who created the puppets and masks, one of the key artists of the Ekon festivals, never appears in these public events.

> Although Ibibio carvers generally work alone in their compound, when hired by Ekon Society a carver lives in the compound of the group leader. For the four to eight weeks necessary to produce the objects required, the members of the patron's village and the carver were not allowed to quarrel. Anyone who fought with an artist engaged in working for the society was fined a cock, used as a sacrifice to the guardian spirit of the Ekon. Subject to the behaviour sanctions of the society when working for it, the carver was paid after his work and returned annually for the six years prior to a public performance to repair or refurbish the objects. (Scheinberg, pg 3)

However, the carver's involvement with the puppet does not end with its completion; for years, he remains responsible for its upkeep, repairing, repainting and restoring. When the sculptor is involved in the puppet performance, he is simply there as a spectator, as all the others.

198. Mother and child sculpture similar in style to 197/ sculpture de mère et enfant de style semblable à 197 Kuyu, Congo Painted wood/ bois peint, 108 cm Afrika Museum, Berg en Dal, Holland/Hollande

Ressemblances stylistiques entre les marionnettes et les masques
Stylistic Similarities between Puppets and Masks

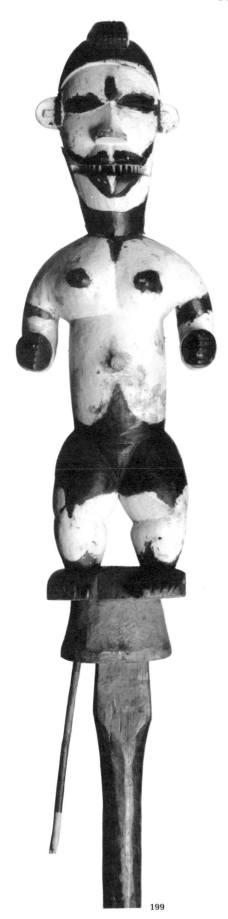

199

200

199. Female stick puppet with jaw actioned by rod/ marotte femelle avec mâchoire mue par une tige Ogoni. Nigeria Wood, metal, white and black pigment/bois et métal, pigments blanc et noir, 83.2 x 17.5 x 13.3 cm The Baltimore Museum of Art

200. Mask with articulated jaw, similar in style and articulation to 199/masque avec mâchoire articulée, de style et articulation semblables à 199 Ogoni, Nigeria Wood, poly- chromed/bois, polychrome Leonard and Judith Kahan, New Jersey

194. Female marionette with small female figure on each moveable arm/ marionnette femelle avec un petit personnage femelle sur chaque bras amovible Bamana-Bozo-Malinke?, Mali Wood, cotton, fibre, poly-chromed/bois, coton, fibre, polychrome, 93.4 cm The Baltimore Museum of Art

195. Bamana face mask similar in style to 194 and similar in colour to 164/ masque de visage Bamana de style semblable à 194 et de couleurs semblables à 164 Bamana, Mali Wood, poly-chromed, and rope/bois, polychrome, et corde, 38 cm Galerie Amrad

196. Puppet, similar in style to other types of Bamana sculpture/ marionnette, de style semblable à celui d'autres types de sculpture Bamana Bamana, Mali Wood, poly-chromed, and straw/bois, polychrome, et paille, 28 cm R .& L Brown, Montreal

194

195

196

SPECTACLE, SPECTATEURS ET IDENTITÉ DU GROUPE

D ans un festival de village, le spectacle dure généralement plusieurs heures et implique danseurs, musiciens, acteurs et marionnettistes, ainsi que leurs marionnettes.

Le festival Ekon des Anang, chez les Ibibio du Nigeria, qui pouvait durer sept heures,

s'ouvrait tôt l'après-midi par des pièces jouées et présentait des sketchs de marionnettes comme divertissement ininterrompu plus tard dans la journée. Ces pièces étaient entrecoupées de danses exécutées par un choeur costumé ou un artiste solo, par des chansons ridicules chantées par l'orchestre et les danseurs ou par les ébats d'un acrobate ou d'un mime. Les numéros étaient ainsi structurés que les satires et les farces sexuelles étaient présentées pendant les pièces et les sketchs de marionnettes. Le ridicule portant spécifiquement sur des individus provenait d'acteurs qui faisaient le pont entre les pièces. Les thèmes des pièces et des marionnettes étaient semblables. Le festival se terminait par l'arrivée d'un personnage grandeur nature et articulé figurant l'esprit femelle des eaux, Mammy Wata, représentée par un python enroulé autour de ses bras. (Scheinberg, 3 et 4) (voir 186a)

La plupart des festivals traditionnels se tiennent durant la saison sèche, lorsqu'il y a peu à faire dans les champs. Ils peuvent avoir lieu le jour, le soir ou chevaucher les deux, selon la région et la raison d'être du spectacle.

Souvent, la société dans son ensemble prépare et organise un événement théâtral longtemps avant le spectacle lui-même qui est habituellement bien orchestré, par exemple dans le cas du festival public de la société Ekon.

Plusieurs heures chaque semaine pendant six ans, il fallait faire répéter l'orchestre de percussion, les danseurs costumés et masqués, les acteurs acrobates et les marionnettistes. Les décors, masques, marionnettes, etc., étaient défrayés par la société, non la communauté. (Scheinberg, 3)

Les spectateurs sont de tous les âges et niveaux sociaux, viennent parfois de villages voisins et n'appartiennent pas nécessairement au groupe ethnique du marionnettiste.

De par sa composition, l'auditoire ressemble à une joyeuse réunion de famille - une atmosphère festive, accompagnée de musique, de chants et de tambours pendant des heures avant le spectacle comme tel. Outre la raison officielle pour amuser et stimuler l'auditoire émotivement, d'importants désirs sociaux et individuels sont satisfaits. Il s'agit du désir de renforcer le sentiment d'appartenance au groupe et d'accroître le pouvoir d'unité et de camaraderie.

Au Mali, le théâtre de marionnettes des Bamana, Bozo, Maraka et Somono est un art complexe et soigneusement orchestré.

Chaque groupe ethnique choisit attentivement divers thèmes et styles de représentation pour que son spectacle frappe...Les acteurs créent un monde imaginaire dans lequel l'assemblage des arts de la scène provoque une gamme des réponses sensorielles qui s'amplifient pendant toute la durée de l'événement. Les types de réactions individuelles et collectives sont les aspects affectifs et rudimentaires des spectacles et le moyen par lequel les gens créent l'événement pour le rendre satisfaisant, assouvissant et amusant. (Arnoldi, 99)

Se basant sur des notes de Poupon prises en 1918, A.M. Benezech a décrit des rites Kuyu, du Congo près du Zaïre, qui avaient réuni plusieurs villages et assemblé hiérarchiquement les initiés dans une clairière.

Les pièces alternaient entre des séquences mimées et des danses avec des figures sculptées. D'abord, un chef sans masque a mimé une scène mythologique. Après lui, des roturiers ont exécuté la danse Eouya de l'homme-serpent...ils l'ont entreprise par une sorte de combat mimé. Allongés, frémissants, ils se projetaient en l'air en se secouant la tête, puis accroupis ils pivotaient de plus en plus vite, pour finalement s'écrouler d'épuisement. Ils appelaient cette danse le Kébé-Kébé et en 1918 il ne s'agissait plus que d'une célébration joyeuse. (Benezech, 57)

Pendant et après la performance, par le biais d'une vive interaction avec les personnages des marionnettes, les spectateurs se sentent à l'aise de parler, chanter, rire et crier - exprimant ainsi leur colère, joie et tristesse. Ils acceptent et rejettent les idées qui touchent à leurs codes moraux et à leurs héros, qui redéfinissent le bien et le mal, l'équitable et l'inéquitable, le juste et l'injuste. Discussions et arguments leur permettent de réinterpréter et recréer des événements historiques. Les héros et les esprits du passé sont ressuscités et réexaminés par ce magnifique processus éducatif.

SPECTACLE, SPECTATORS AND GROUP IDENTITY

A spectacle in a village festival usually lasts many hours and involves dancers, singers, musicians, live actors and puppeteers and their puppets.

The Anang Ekon festival of the Ibibio of Nigeria, that could last up to seven hours,

> opened with plays by actors in the early afternoon and presented the puppet skits as uninterrupted entertainment later in the day. Plays were separated by dances performed by a costumed chorus or a solo artist, songs of ridicule sung by the orchestra and dancers or the antics of an acrobat or mime. Performances were structured so that broad, general satire and sexual farces were presented in the plays and puppet skits. More direct personal ridicule of specific individuals was provided by the performers who entertained between the plays. Thematically the plays for human performers and puppets were similar. The festival closed with the appearance of a life-sized jointed figure of a female water spirit, Mammy Wata, characterized by a python twisted around her arms. (Scheinberg, 3&4) (See 186a)

Most traditional festivals are usually held during the dry season, when there is little work to be done in the fields. The spectacle might by held in daytime, or night time or a combination of both, depending on the region and on the purpose of the performance.

In many cases, the society as a whole takes part in the preparation and organization of the theatrical event long before the real performance which is usually well orchestrated, the Ekon society public festival being a case in point.

> For several hours every week for six years the percussion orchestra, costumed and masked dancers, acrobats, actors, and puppeteers had to be rehearsed. All props, masks, puppets, costumes, etc. were the expenses of the society, not the community. (Scheinberg, 3)

Spectators belong to all ages, sexes and social statuses, come at times from neighbouring villages and do not necessarily belong to the puppeteer's ethnic group.

The assembling of the audience suggests a joyful family reunion accompanied by music, songs and dance for hours prior to the actual puppet performance. Beyond the official reason for the gathering - to be entertained and emotionally stimulated - important social and individual desires are fulfilled. These desires help strengthen one's feeling of belonging and enhance the power of unity and togetherness.

In Mali, puppet theatre of the Bamana, Bozo, Maraka and Somono ethnic groups is a well orchestrated and complex art form.

> Each ethnic group carefully chooses different performance styles and themes to set its performance apart...Actors create an illusory world in which dramatic forms in orchestration elicit a full range of sensory responses that build one upon the other throughout the hours of the event. The individual and collective patterns of responses are the affective and inchoate aspects of performances and are the means through which people constitute the experience of the event to make it satisfying, satiating and fun. (Arnoldi, 99)

On the basis of documentation recorded by Poupon in 1918, A.M. Benezech described Kuyu rites, in the Congo near the Zaire border, which brought together a few villages and assembled initiates hierarchially in a vast clearing,

> Performances alternated between mimed sequences and dances involving carved figures. To begin, a chief, unmasked, mimed a mythological scene. Next came the Eouya, the dance of the snake man, performed by commoners...the dancers began the Eouya with a kind of mimed struggle. Lying down, quivering, they flung themselves upward while jerking their heads, then crouched and spun faster and faster until they collapsed from exhaustion. They called it Kébé-Kébé and by 1918 it was nothing more than a joyous celebration. (Benezech, 57)

During and after the performance, through lively interaction with the puppet characters, the spectators feel free to talk, sing, laugh and cheer - expressing anger, joy and sadness. They accept and reject ideas and behaviour that deal with their moral standards and heroes, newly defining good and bad, right and wrong, just and unjust. Through discussion and arguments they reinterpret and recreate historical events. Heroes and spirits from the past are resurrected and re-examined in this magnificent educational process.

SPECTACLE, SPECTATEURS ET IDENTITÉ DU GROUPE

Arnoldi (pg 88) estime que,

L'identité du groupe joue un grand rôle dans le théâtre de marionnettes malien. Il se tisse un paradigme nous/eux, initié/non-initié. Pendant l'événement, le spectateur, qui appartient à l'une de nombreuses ethnies, se retrouve dans l'identité des acteurs ou se distingue de la troupe par le biais de son interprétation de la pièce et de ses parties constituantes.

Sur une base individuelle, la relation entre la famille, les amis et les voisins est renouée et revitalisée. Les tensions personnelles et collectives se libèrent dans une catharsis individuelle et sociale.

L'un dans l'autre, la participation des membres de la société renforce l'identité du groupe. Ces valeurs sont mises en évidence par des scénarios qui favorisent l'échange et la discussion, et stimulent le sentiment d'appartenance au groupe.

SPECTACLE, SPECTATORS AND GROUP IDENTITY

To this effect, Arnoldi (pg 88) states that,

in puppet theatre, in Mali, group identity becomes particularly significant. A we/them, insider/outsider paradigm is clearly drawn. During the event, members of the audience, who may be from any number of ethnic groups, either share the identity of the actors or distinguish themselves from the troupe through their interpretation of the dramatic event and its constituent forms.

On an individual level the relation between family, friends and neighbours is renewed and revitalized. Personal and group tensions are released and replaced by joyful feelings in an individual and social catharsis. As a result, group identity is strengthened and enhanced.

Overall, group identity is enhanced through the participation of all members of society in traditional values. These are detailed by scenarios which encourage exchange and discussion, and foster a feeling of belonging to the group.

201. Quadruple mobile puppet stages performing during the funeral of one of the elders of the Kulibali family in 1957. Large procession with thousands of spectators/quadruple théâtre mobile de marionnettes pendant les funérailles de l'un des anciens de la famille Kulibali en 1957. Grande procession avec des milliers de spectateurs. Bobo-Dialaso, Burkina Faso Service Information Burkina Faso Photo, Sarr Cheick

ASSOCIATIONS DE MARIONNETTISTES

Tout comme il importait en Afrique noire traditionnelle que le sculpteur de marionnettes se conforme à certaines obligations, il était impératif à l'époque que les marionnettistes appartiennent à une association, qu'il s'agisse d'une société secrète, d'un groupe d'âge ou d'une association de jeunes ou de gens de la scène. Dans la plupart des cas les membres comprenaient des danseurs, acteurs, musiciens, tambourineurs et chanteurs qui se produisaient souvent en même temps. Ils étaient des artistes de formation spéciale que les sociétés admiraient et personne de l'auditoire n'avait le droit d'attaquer ni d'interrompre une pièce, quelle que soit la provocation. Ils cachaient leur identité sous des costumes ou en déguisant leur voix, ce qui leur donnait la liberté d'expression voulue pour critiquer et ridiculiser qui bon leur semblait sans crainte de représailles.

Dans la puissante société Ekon, les marionnettistes étaient des jeunes hommes de familles aisées et ils

> devaient observer certains tabous alimentaires, s'abstenir de sexe pendant la nuit précédant un spectacle, n'avaient pas le droit de se quereller pendant une répétition ou un spectacle, et ne pouvaient faire d'erreur pendant la représentation ou oublier leur équipement par après. Mais surtout, les secrets de la société, l'identité des acteurs et le mode de manipulation des marionnettes étaient jalousement gardés. Talbot a écrit que si une marionnette tombait par terre et exposait ses mécanismes, le village tuerait la troupe Ekon au complet. Parfois, seul le marionnettiste était occi et ses confrères vendus comme esclaves. Cette punition fort sévère pour avoir révélé des secrets Ekon démontre le grand sérieux qui entoure les rites de la société. (Scheinberg, 5)

Le Kamalen ton, l'association de jeunesse du village Kiranko de la région Segu au Mali, comprend quelques troupes de marionnettes composées de mâles de 14 à 35 ans et de femmes de 14 ans jusqu'à leur mariage. En plus de remplir son rôle de marionnettiste, danseur, etc., chacun exécutait des travaux communautaires, dont les semailles, la récolte et la pêche. En fait, leur appartenance à l'association de jeunes s'avérait un mécanisme de renforcement de leur loyauté

au groupe par la plus grande immersion dans leur héritage culturel que leur valaient les représentations.

M.J. Arnoldi (Performance Style...Drama, pg 89-90) examine ce phénomène complexe de l'identité de groupe au Mali:

> Chacune des trois troupes de marionnettes Kiranko est structurée selon l'ethnie et le lieu de résidence dans le village. Quoique les Bamana, Bozo et Somono du village et partout dans la région Segu partagent nombre d'éléments historiques et sociaux et parlent tous la même langue, le Bamanakan, ils conservent des identités distinctes de groupe. C'est dans le contexte du théâtre de marionnettes que les identités partagées et idiosyncratiques de ces groupes sont présentées sur la place publique... Toutes les associations de jeunesse sont structurées selon les mêmes principes. Aujourd'hui, le théâtre de marionnettes est le principal divertissement associé au kamalen ton.

Michael Huet, décrivant un spectacle de marionnettes des Kuyu dans la région de Fort-Roisset près de la frontière Zaïre-Congo, explique que jusqu'à récemment il y avait deux clans dans la société Kuyu, l'un représenté par le serpent, l'autre par la panthère. Les institutions traditionnelles claniques étant en perte de vitesse, il écrit que les vieilles rivalités et alliances s'expriment

> dans un concours rituel, le Kyebe-Kyebe. Les gens de divers villages sont placés face à face dans cette danse. Chaque groupe doit, selon un ensemble précis de vieilles règles traditionnelles, exécuter un certain nombre de figures qui sont ensuite cotées. Le danseur tient par la manche une marionnette qu'il manipule dans un va-et-vient vertical et horizontal, tout en tournant en rond le long d'un petit cercle jusqu'à ce qu'il tombe épuisé. Ses mouvements sont fort rapides, mais en même temps ils doivent être gracieux de façon à suggérer à la fois la souplesse de mouvement de l'ancêtre et la tornade furieuse. (Huet, 192-193)

Les dau-dauma, ou manipulateurs de marionnettes, qui exécutent le dau-dau, le théâtre traditionnel Kanuri, sont organisés en groupes dont la fonction principale est de protéger et représenter les intérêts de leur groupe.

139

PUPPETEER ASSOCIATIONS

Just as it was important in traditional Black Africa that the puppet carver respect certain obligations, it was imperative in the past that the puppeteers belong to an association, whether a secret society, age group, youth or performers' association. In most cases their membership also included dancers, actors, musicians, drummers and singers who often performed in the same events. They were specially trained artists, revered by their societies and no one in the audience was allowed to attack a performer nor to interrupt a play, whatever the provocation. They protected their identities by hiding under a costume and by disguising their voices, which gave them the freedom of expression to criticize and ridicule whomever they pleased without fear of reprisal.

In the powerful Ekon society, the puppeteers were young men from wealthy families and they

> had to observe certain food taboos, refrain from sex the night before a performance, were forbidden to quarrel during a rehearsal or performance, and could not make an error during a performance or forget their equipment afterwards. Above all, the secrets of the society, the identity of its performers, and the method of operation of the puppets was secretly guarded. Talbot wrote that if a puppet were dropped and exposed its hidden mechanisms, the village would kill the entire Ekon troupe. Occasionally, only the offending puppeteer was slain and the rest of the puppeteers sold into slavery. This strict punishment for revealing Ekon secrets implies a great seriousness in the society's rites. (Scheinberg, 5)

The Kamalen ton, the youth association from the Kiranko village of the Segu region in Mali, includes a few puppet troupes, whose members are males between the ages of 14 and 35 and females from the age of 14 until marriage. Beyond fulfilling their roles as puppeteers, dancers, etc., all perform community work, such as planting, harvesting, fishing. In fact, their belonging to the youth association is a way of reinforcing their loyalty to the group through the further acquisition of their cultural heritage by way of performance.

M.J. Arnoldi (Performance Style...Drama, pg 89-90) examines this complex phenomenon of group identity in Mali:

Each of Kiranko's three puppet troupes is organized according to both ethnic and resident patterns within the village. Although Bamana, Bozo and Somono in the village and throughout the Segu region share a number of historical and social experiences and today all speak a common language, Bamanakan, they maintain distinct group identities. It is in the context of puppet theatre that the shared and idiosyncratic identities of these groups are enacted in the public arena...All of the youth associations are organized around similar principles. Today puppet drama is the primary entertainment activity associated with the kamalen ton.

Michael Huet describes a puppet show of the Kuyu in the Fort-Roisset Region near the Zaire-Congo border and explains that until recently, there were two clans in the Kuyu society, represented one by the serpent, the other by the panther. With the disuse of the traditional institutions of the clans, he writes that the old rivalries and alliances find

> their expression in a ritual contest, the Kyebe Kyebe. People from different villages are set opposite to each other in this dance. Each one of them must, in accordance with a rigid set of long-established traditional rules, perform a certain number of figures which are then judged on their suitability. The dancer holds by the sleeve a puppet that he moves up and down, backwards and forwards, all the while turning himself round and round in a tight circle until he falls exhausted to the ground. His movements are very rapid, but at the same time they must be smooth so that they suggest both the supple gliding of the ancestor and the whirling of a tornado. (Huet, 192-193)

The dau-dauma, or puppet manipulators, who perform in the dau-dau, the Kanuri traditional theatre, are well organised in groups whose main function is to protect and represent their group's interest.

In the early days, their job as puppeteers was extremely dangerous, but they felt protected by the magic power that their puppets held in order to frighten spectators from rival groups.

ASSOCIATIONS DE MARIONNETTISTES

Il y a longtemps, leur métier de marionnettiste comportait de grands dangers, mais ils se sentaient protégés par le pouvoir magique de leurs marionnettes qui effrayaient les spectateurs des groupes rivaux.

Le risque découlait d'une rivalité maladive entre les groupes qui tentaient de s'éclipser mutuellement. Chaque groupe considérait l'autre comme un concurrent et un ennemi et dans ce contexte tentait de neutraliser le rival en l'éliminant. Le principal objectif en ce sens était le dau-dauma qui en qualité de chef de groupe symbolisait sa survie. (Oko, 273)

Les dau-dauma transmettent leur art et leurs connaissances à leurs apprentis pendant une cérémonie formelle de passation des pouvoirs qui fait suite à une longue période de formation. Ce geste est une preuve d'aptitude et ces jeunes sont à leurs tour reconnus dau-dauma.

201a.

141

PUPPETEER ASSOCIATIONS

The risk had to do with an unhealthy rivalry between various groups in an attempt to overshadow the other. Each group regarded the other as a competitor and an enemy, and each on the basis of this sought to neutralise the other through physical elimination. The major target for elimination was the dau-dauma, who as group leader was seen as a symbol of the group's survival. (Oko, 273)

Dau-daumas transfer their art and knowledge to their apprentices during a formal hand-over ceremony after a long period of training. This hand-over is a stamp of recognition and these youths are then also known as dau-daumas.

201a. Two views of Senufo priests, members of the Poro secret society, protecting a masked dancer in a funerary ritual ceremony in Dijigodougou/Deux prises de vues de prêtres Senufo, membres de la société secrète Poro, protégeant un danseur masqué pendant une cérémonie funéraire rituelle à Dijigodougou
Nothern Ivory Coast/nord de la Côte d'Ivoire, 1960

THÉÂTRE ET PERSONNAGES DE MARIONNETTES

L'art dramatique du théâtre de marionnettes puise à l'idéologie d'une société et à son expérience commune. Habituellement, ses personnages appartiennent aux traditions orales transmises sous forme de légendes, mythes, contes historiques/folkloriques, fables, proverbes, chants et devinettes.

En Afrique, comme les gens de la scène, dont les acteurs, danseurs, chanteurs et marionnettistes, s'inspirent tous des mêmes traditions orales, la distinction entre la narration du marionnettiste et celle des autres artistes n'est pas nécessairement évidente. L'art dramatique et l'art des marionnettes sont souvent interchangeables - leur rôle étant de présenter des vignettes de la vie sociale.

Il n'y a aucun moyen simple qui permette de séparer le théâtre folklorique avec acteurs de son pendant avec marionnettes. Celles-ci se situent à des antipodes des objets scéniques, un phénomène allant des poupées d'enfants aux manuscrits de narration et images, des visionneuses et objets magiques aux costumes et accessoires théâtraux. L'art des marionnettes n'est pas non plus monolithique: il comprend un éventail de structures uniques alliant la narration au dialogue, le mouvement à l'art de la scène, le sacré au profane. (Proschan, 554)

Il arrive aussi que la narration d'un spectacle de marionnettes soit chantée, le cas de la tradition malienne.

Les chants de marionnettes sont une composante importante du théâtre et, comme les tambours, contribuent à communiquer l'identité ethnique pendant le spectacle. Les marionnettes elles-mêmes sont généralement silencieuses et les chants deviennent l'instrument verbal entre la marionnette et son auditoire...A Kiranko, les chants de marionnettes des trois troupes sont exécutés en Bamana,...par une chanteuse principale et un choeur féminin. Mais, le spectacle des Bozo se distingue singulièrement de ceux des deux autres troupes. La troupe Bozo présente un ensemble de personnages, principalement du gros gibier de rivière, qui appartiennent à la lignée du quartier. La manipulation de ces marionnettes est réservée aux descendants de la lignée et les chants qui les accompagnent sont exécutés par des hommes semi-professionnels, non par des femmes. (Arnoldi, 97-98)

Comme les spectacles de marionnettes ne constituent qu'une petite partie des longues festivités du festival villageois, les pièces sont souvent de courts sketchs de 10 à 20 minutes, mais peuvent durer bien plus longtemps selon l'implication de l'auditoire, le cas du village Mangi au Gabon. (chapitre 4)

Les pièces, thèmes et personnages de marionnettes peuvent provenir de potins, anecdotes, humour sexuel (parfois vulgaire), satire personnelle, blagues et farces, dans une atmosphère lyrique, tragique ou comique. Un personnage grotesque peut prendre vie par le biais du sarcasme ou d'une caricature politique critiquant des problèmes et conflits familiaux. La pièce peut traiter d'absurdités juridiques et de justice absolue. Par exemple, Henry Drum a décrit une pièce de marionnettes du Congo dont l'histoire implique un homme et une femme qui se disputent à savoir qui grimpera dans l'arbre pour cueillir des mangues. Finalement, l'homme grimpe et en lance une à sa femme en lui demandant de la lui garder pendant qu'il descend de l'arbre. Une fois de retour au sol, il se rend compte qu'elle l'a mangée. Furieux, il la tue sous les yeux de leur fille. La fille raconte le tout à sa grand-mère qui décide de se venger. Pendant le festival du village, elle offre au mari meutrier une bière empoisonnée qui le tue.

PUPPET DRAMA AND CHARACTERS

D rama for puppet theatre is drawn from a society's ideology and common experiences. Usually, characters are taken from oral traditions transmitted as legends, myths, historical/folk tales, fables, proverbs, songs and riddles.

As African performers, such as live actors, dancers, singers and puppeteers all use the same oral traditions as their source for drama, it is often difficult to distinguish between the puppeteer's narration and the other performers' dialogue. Drama for puppetry and live actors are often interchangeable - their task to present snippets of human social life.

There is no simple procedure by which we can easily distinguish the genre of folk drama with living actors from folk puppet drama. Puppets are but the extreme example of performing objects, a category of phenomena which range from the dolls of children's play, through narrated scrolls and images, to peep shows and magic objects, and to the costumes and props of theatrical performance. Nor is puppetry itself a monolithic genre: it comprises uniquely varied structures balancing narration and dialogue, motion and appearances, sacredness and profanity. (Proschan, 554)

The narration for puppet shows can be, as in the Malian tradition, in the form of songs.

The puppet songs are an important verbal component of the drama and like the drumming they contribute to the communication of ethnic identity in performance. The puppets themselves are generally voiceless and the songs become the medium of verbal communication between the puppet and the audience...In Kiranko, the puppet songs of all three troupes are sung in Bamana, ...by a female lead singer and female chorus. One important exception sets the Bozo performances apart from the other two troupes. The Bozo troupe maintains a set of characters, generally important river game, that belong to particular lineages in the quarter. Dancing these puppets is restricted to descendents of the lineage and the songs accompanying these puppets are sung exclusively by semi-professional male, not female singers. (Arnoldi, 97-98)

As puppet shows are only a small part of a lengthy entertainment during a village festival, their plays are usually short sketches which last between ten and twenty minutes, but can be prolonged significantly if audience participation warrants it, as was the case in Mangi village in Gabon. (chapter 4)

Puppet plays, themes and characters can be developed through gossip, anecdotes, sexual humour (sometimes vulgar), personal satire, jokes and farces, all in a lyric, tragic or comic atmosphere. A grotesque character can come to life through sarcasm, or as a political cartoon criticising domestic problems and conflicts. The play could deal with absurd legalities and absolute justice. For example, Henry Drum described a puppet play from Congo. The story concerns a husband and wife who argue about who will climb the tree and get the mangos. Finally the husband climbs up and throws a mango to his wife asking that she keep it for him until he comes down from the tree. When he gets back on the ground he finds she has eaten it. In his outrage he kills her in front of their daughter. The daughter then tells her grandmother what happened and the grandmother decides to take her revenge. During the village festival she offers her daughter's killer/husband a poisoned beer which kills him.

THÉÂTRE ET PERSONNAGES DE MARIONNETTES

S.I. Clerk décrit un spectacle de marionnettes typique de l'Afrique de l'est où deux coqs dans une lutte à finir se battaient soit pour de la nourriture soit pour la poule.

> Un voleur entre alors en scène, leur tord le cou et les emporte pour se préparer un repas. Mama Msingi, la propriétaire des coqs, se plaint au chef qui appelle le sorcier pour lui ordonner de trouver le coupable. Grâce est ses talents surnaturels, le sorcier réussit finalement à le dénicher et le ramener immédiatement au chef. La justice est ensuite rendue, le criminel étant condamné à se faire couper les bras. La distribution comprend de six à 30 marionnettes. Ces marionnettes ne s'adressent pas seulement aux enfants. Habituellement, tout le village est présent. (Clerk, 60)

D'autres pièces peuvent représenter des tensions personnelles ou sociales. Par exemple, les pièces satiriques exécutées par la société Ekon des Ibibio visent la société en général, ainsi que des caractéristiques individuelles dont la gaucherie, la laideur ou l'adultère. La satire peut aussi se préparer de longue main, l'information, dont potins et inconduite, étant cueillie directement ou subrepticement pendant des années.

Chez les Ibibio,

> Les acteurs Ikot Obong faisaient porter leur sarcasme sur les groupes suivants: Ikot Akpan Essiet, Ibo, vendeurs Hausa, cour indigène, administration coloniale, ordres de missionnaires, ordres nativistes, cours autochtone et des magistrats, villes des Ikot Ekpene et Abak. Les grands types de comportement qu'ils ridiculisaient étaient: femmes autoritaires, promiscuité, corruption, vol, stupidité, manque d'adresse, mauvais traitement de la parenté, non respect des tabous alimentaires de la sous-tribu, imitation des Européens, ébriété, stérilité, jalousie, suicide et absence de conformité aux moeurs de l'amitié collective. La laideur, la maladie mentale et la pauvreté étaient plus particulièrement attaquées. (Messenger, 216)

Messenger démontre clairement le processus de formation des personnages de marionnettes, qui contribuent à l'enculturation des membres d'une société.

Rarement les marionnettes représentent-elles des individus spécifiques. Elles portent plutôt sur des caractéristiques universelles stéréotypiques dont beauté/laideur, faiblesse/force, bon/mauvais, bien/mal.

Au Mali,

> La satire explicite des marionnettes s'applique généralement aux étrangers, charlatans itinérants, marabouts, bergers Fulani, Européens et Maliens qui s'identifient au secteur moderne. (Arnoldi, 96)

Il n'y a pas de limites au répertoire des marionnettes africaines, lesquelles comprennent tous les types d'animaux et d'oiseaux, et de gens, tous tirés de l'environnement immédiat.

> Les troupes (au Mali) font valoir leurs revendications par un petit ensemble de personnages de marionnettes qui peuvent se rapporter à des personnages spécifiques ou des époques historiques. Les Bamana présentent souvent des cavaliers, identifiés comme des Fula, et traitent des guerres du 19e siècle entre les états des Segu et des Masina. Ils présentent également Bilisi, un génie de l'épopée Da Monzon Jara (Kesteloot et Ba, 1972). Bisili a ravagé les Segu avant d'être défait par le héros culturel BaKary Jan, qui a finalement soustrait les Segu aux demandes insatiables de Bilisi. Les Bozo à Kiranko exécutent une danse du serpent, le "serpent de Wagadu", un renvoi direct à l'empire médiéval du Ghana. Les Bozo affirment ainsi leur descendance du Ghana, un état qui a précédé les empires Malien et Segu. Ainsi, le serpent renforce leurs revendications de premiers propriétaires du territoire. Cet outil de revendication par le biais du théâtre est identique à celui du mythe. Dans le théâtre de marionnettes, les groupes se servent de divers personnages pour affirmer leur identité en vertu d'un passé commun. Il fournit à chaque groupe un forum pour présenter la supériorité de ses revendications sur celles de ses voisins. (Arnoldi, 96) 96)

PUPPET DRAMA AND CHARACTERS

S.I. Clerk describes a typical East-African puppet show play where two cocks were either fighting for food or for the hen, until one was defeated.

> A thief would then enter the scene, kill both of them by wringing their necks and carry them away for his meal. Mama Msingi, owner of the cocks and the hen, would then complain of her loss to the chief, who would call for the witch doctor and order him to hunt out the culprit. The witch doctor, thanks to his supernatural powers, succeeded after a time in discovering the thief, who was immediately brought to the chief. Justice was done; the criminal was punished by having his arms cut off. The "cast" could be from six to thirty puppets. These puppet shows were not restricted to children. Usually the entire village would attend. (Clerk, 66)

Other plays may reflect personal or social tension. For example, The satiric plays performed by the Ekon society of the Ibibio are aimed at society in general as well as at individual traits such as clumsiness, ugliness or adultery. Satire can also be the result of long planning, where information, such as gossip and misconduct, is gathered directly or surreptitiously for years on end.

> [The Ibibio] Satire was directed by the Ikot Obong players against the following groups: Ikot Akpan Essiet, the Ibo, Hausa traders, the indigenous courts, the colonial administration, missionary denominations, nativist denominations, the Native and Magistrates' courts, and the towns of Ikot Ekpene and Abak. The general types of behaviour ridiculed were: domineering wives, promiscuity, corruption, theft, stupidity, lack of skill, mistreatment of kin, breaking the subtribal food taboo, imitating Europeans, drunkenness, sterility, sexual jealousy, suicide, and failure to conform to the mores of institutionalized friendship. Physical ugliness, mental illness and poverty were conditions singled out for attack. (Messenger, 216)

Messenger clearly shows the moulding process of puppet characters, which contributes to ensuring that members of a society will adopt behaviour patterns that fit the accepted norm.

Puppet characters rarely represent specific individuals. Rather, they deal with stereotypes of universal characteristics such as beauty/ugliness, weakness/strength, good/bad, right/wrong.

In Mali,

> Explicit satire in puppet drama is generally reserved for categories of strangers, itinerant charlatans, marabouts, Fulani herdsmen, Europeans, and Malians who have invested their identity in the modern sector. (Arnoldi, 96)

The repertory of African puppet characters is limitless and includes all types of animals and birds, and people, all drawn from the local environment.

> Troupes (in Mali) make their claims through a small set of puppet characters, which may refer to specific personages or to historical epochs. Bamana regularly perform horsemen, who are identified as Fula and refer to the nineteenth-century wars between the Segu and Masina states. They also perform Bilisi, a genie who appears in the epic of Da Monzon Jara (Kesteloot and Ba, 1972). Bilisi ravaged Segu before being defeated by the culture hero BaKary Jan, who finally freed Segu from Bilisi's insatiable demands. The Bozo in Kiranko perform a snake, which is called "the snake of Wagadu," a direct reference to the medieval empire of Ghana. Through this character the Bozo assert their claim to descent from Ghana, a state which preceded the Malian and Segu empire. Thus, the snake reinforces their claim to rights as the original owners of the land. The process of making historical claims through the vehicle of drama is identical to that which takes place in myth. In the puppet drama, groups make use of different characters in order to assert their identity against a common historical background. It provides a legitimated public arena for each group to put forward the validity of its claims over those made by its neighbours. (Arnoldi, 96)

THÉÂTRE ET PERSONNAGES DE MARIONNETTES

Arnoldi rapporte également (pg 95) que d'autres personnages de marionnettes chez les Bamana à Kiranko, comprennent l'officier colonial dans le contexte de l'histoire du village, et Kono, ou le grand oiseau du Mali, qui symbolise la république indépendante. D'autre part, le drapeau malien figure dans les costumes et comme bannière indiquant le lieu du spectacle. De plus, de nombreux animaux de la brousse, dont le lion, l'hyène et l'éléphant ont des rôles métaphoriques importants (joués par des fermiers). La même chose s'applique aux pêcheurs Bozo et Somono qui centrent leur attention sur les animaux aquatiques, dont le crocodile, le lamantin, l'hippopotame et certains oiseaux aquatiques. Plusieurs de ces personnages sont réputés exclusifs à un groupe et chez les Somono, par exemple, un grand oiseau aquatique était le roi de leurs marionnettes.

Les personnages de marionnettes maliennes sont: Yayoroba - une beauté de femme (voir 164), divers types de jeunes et vieilles femmes, Fula Musso - une femme Fula symbolisant une très belle infidèle décrite comme une "femme lege", Tababu Kun - l'homme blanc représentant le colonial, qui symbolise l'exploiteur et l'opprimé. Dans des spectacles de marionnettes plus récents, le personnage de Moussa Traoré, le président du Mali, a été immortalisé. (Liking, 36)

Les personnages de marionnettes Ekon sont généralement répartis en deux groupes, les Beaux et les Laids, homme ou femme, et représentent par exemple

des filles de la maison d'embonpoint, à motifs peints élaborés et portant bracelets de poignet et de cheville, ainsi que des amulettes. Les motifs de peinture du corps ne sont pas seulement esthétiques, mais contiennent aussi des messages symboliques...les filles bien en chair étaient nues, sauf pour un linge aux couleurs vives ou une large ceinture en soie attaché sous la taille. Elles étaient ainsi présentées lors de parades communautaires à l'occasion du Moobi (la naissance des petits seins) qui dénotait la fin de leur engraissement et leur entrée en majorité.

D'autres marionnettes femelles sont sculptées dans un style laid et peuvent représenter des fantômes laids, esprits hostiles, membres déformés de la communauté, idiots ou simplement gens de rang inférieur. Typiquement, ces marionnettes sont asymétriques, foncées et déformées (nez rongé, bouche tordue, yeux protubérants, front ridé, etc.), des caractéristiques de masques de fantômes laids. Comme pour ces masques, il y a une plus grande gamme de femmes laides que de belles femmes. Même quand les marionnettes laides ne sont pas des esprits malsains, leurs traits déformés impliquent qu'on désapprouve de leurs personnages. (Scheinberg, 2) (voir 202)

On fait de même avec les marionnettes mâles qui dépeignent souvent des missionnaires, le roi d'Angleterre, des mendiants, chasseurs, infirmes ou esprits malsains qui ne sont identifiables que par leurs accessoires dont l'épée, la machette, le bâton de commandement et les chiens de chasse.

De nombreuses pièces de marionnettes traitent de conflits entre des gens habituellement liés par le sang. Il est donc fréquent dans une pièce de marionnettes de voir des personnages tels que mari et femme, grand-père et grand-mère, enfants et leurs époux. Par exemple, au début du siècle, D. Alexander a décrit une pièce de marionnettes Kanuri qu'il avait vue à Bornu au Nigeria et impliquait 10 personnages mâles et femelles avec leurs familles dans une pièce en 10 actes.

Les personnages fort populaires du théâtre de marionnettes africain sont les couples, amants, homme et femme, jouant, faisant l'amour, se courtisant, ce qui mène toujours à l'accouplement. Bakate (pg 43-44) décrit une merveilleurse scène, dont il se souvient du temps de son enfance au Cameroun, dans laquelle

la marionnette que nous préférions était un couple fait de tiges de bambou de raphia. La femme était représentée par un trou entre les jambes symbolisant son sexe. La manipulation délicate comportait le transpercement de la femme par le sexe proéminent de l'homme. La reprise de cette manipulation devant l'auditoire provoquait l'hilarité chez les jeunes et les adultes qui passaient par là, exception faite des femmes christianisées qui trouvait ce jeu de mauvais goût et scandaleux. Mais les petites filles, nos soeurs, partaient en riant.

PUPPET DRAMA AND CHARACTERS

Arnoldi reports (pg 95) that other puppet characters, among the Bamana, in Kiranko, include the colonial officer, as a reference to village history, the Kono, or Great Bird of Mali, who symbolises the independent republic. As well the Malian flag is in evidence in costumes and as a banner to identify the place of performance. Furthermore, many bush animals, such as the lion, the hyena and the elephant are featured in important metaphoric roles (by farmers). The same applies to the Bozo and Somono fisherman who focus on water animals such as the crocodile, the manatee, the hippopotamus and some water birds. Some of these characters are considered as exclusive to a group, the Somono for instance having a large water bird, called king of puppets.

Malian puppet characters are: the Yayoroba - the beautiful woman (see 164), different types of young and old females and mothers, the Fula Musso - a Fula woman symbolizing a beautiful infidel described as a "femme lege", Tubabu Kun - the white man representing a colonial, symbolizes the exploiter and oppressor. In more recent puppet shows the character of Moussa Traoré, the president of Mali, is immortalized. (Liking, 36)

The Ekon puppet characters are usually divided into The ugly or The beautiful, man or woman, and depict, for instance

> Fatting house girls painted in elaborate patterns and wearing brass bracelets and anklets, and protective amulets. The painted body patterns are not merely aesthetic, but are symbolic in meaning.... the fatting house girls were naked except for a colourful cloth or silk sash tied below the waist. They appeared in this state when they were paraded before the community of the occasion of Moobi (The Coming of Small Breasts) marking the conclusion of their fattening and their coming of age.
>
> Other female puppets are carved in an "ugly" style and may represent ugly ghosts, hostile spirits, deformed members of the community, idiots, or merely people of low rank. These puppets are typically asymmetrical, dark in colour, and have

physical distortions (eaten-away noses, twisted mouths, bulging eyes, wrinkled foreheads, etc.) characteristic of ugly ghost masks. As is true of the ugly ghost masks, the ugly style of female figures shows a greater variety of types than the beautiful. Even when the puppets carved in the ugly style are not evil spirits, their distorted appearance implies disapproval of the character portrayed. (Scheinberg, 2) (see 202)

Similar treatment is given to the male puppets, with frequent characters of missionaries, the King of England, beggars, hunters, cripples, evil spirits and such, which are only identifiable by appropriate props, such as swords, machetes, title staffs and hunting dogs.

Many puppet plays deal with conflicts between people usually with family ties. Therefore it is quite common in a puppet play to see characters like husbands and wives, grandfathers and grandmothers, children and their spouses. For example, at the turn of the century, D. Alexander described a Kanuri puppet play he saw in Bornu (Nigeria) which included ten male and female characters with their families in a ten-scene play.

Very popular characters in African puppet theatre are couples, lovers, male and female, playing, making love, courting, which always end with the sexual act. Bakate (pg 43-44) describes a beautiful scene, that he remembers from his childhood in Cameroon, in which,

> the puppet we liked the best was a couple made with bamboo-raphia stalks. The woman was represented with a hole between the legs symbolising the female sex. The delicate manipulation consisted in the prominent sex of the man literally piercing through the woman. The repetition of this manipulation in front of everybody caused hilarity in all the young children and adults going past, with the exception of any christianised women who found this game in bad taste and sinful. But the little girls, our "sisters", went off laughing.

THÉÂTRE ET PERSONNAGES DE MARIONNETTES

Partout en Afrique rurale, les personnages du théâtre de marionnettes tiennent des rôles qui de plus en plus dans les grandes villes sont confiés aux écoles, livres, cinéma, télévision, etc. Néanmoins, les personnages et le théâtre de marionnettes demeurent d'importants véhicules des valeurs et idées culturelles.

La marionnette comme métaphore

Tout masque ou marionnette africain se produisant en scène est en fait la métaphore d'un personnage, humain ou animal, phantasmagorique ou non. Cependant, il est plutôt rare qu'une marionnette serve de métaphore dans une conversation. Ceux qui le font sont surtout européens (Anglais, Français, Italiens, etc.) et se servent généralement du mot marionnette. De telles métaphores se retrouvent dans des phrases décrivant quelqu'un comme se comportant, se déplaçant, dansant, paraissant ridicule, imitant, jouant, étant drôle...comme une marionnette. Généralement le contexte est désobligeant.

Je n'ai entendu que quelques cas africains de métaphores de marionnettes. Pendant ma tournée au Gabon en 1966, des rumeurs voulaient que le président Léon M'ba consultait son prêtre tradi-tionnel local avant de prendre une décision importante. Les Français vivant alors au Gabon y voyaient un signe de faiblesse, l'un deux ajoutant que le président était comme une marionnette entre les mains du prêtre. Mais, ses compatriotes y voyaient plutôt une preuve de force et étaient fiers de lui. Kofi Niaonde, pour sa part, disait que "quand le président visite les prêtres locaux pour chercher conseil, il leur prouve non seulement qu'il les respecte mais il gagne leur respect également. En fait, il joue avec les prêtres comme avec des marionnettes." Voici donc deux significations métaphoriques opposées sur la puissance du manipulateur de la marionnette.

Un autre exemple africain illustrant la marionnette comme métaphore s'est produit au Mali lorsqu'Amadu, qui nous conduisait de Mopti à Bandiagara, nous a parlé de son grand amour - une fille de son village Bamana dont les parents lui refusaient la main. Lorsque nous lui avons demandé pourquoi il l'aimait, il a dit qu'elle était comme une Yayoroba. C'était la première fois que j'entendais ce mot et il nous a éclairés en décrivant la Yayoroba comme une marionnette d'épaule qui de produit dans son village et re-présente une belle femme forte.

202. Standing puppet representing a young Ibibio woman just prior to her marriage when she is con-sidered at the zenith of her beauty and desirability. She appears at a public festival wearing brass bracelets and anklets and is elaborately coiffed/marion-nette debout re-présentant une jeune femme Ibibio juste avant son mariage à un moment où elle est réputée au zénith de sa beauté et de sa désirabilité. Elle se produit pen-dant un festival public ornée de bracelets et d'anneaux de cheville en cuivre jaune et coiffée avec recherche. Nigeria Center for Puppetry Arts, Atlanta

PUPPET DRAMA AND CHARACTERS

Throughout puppet theatre in rural Africa, characters perform duties which in large African cities are increasingly entrusted to formal education, books, cinema, television, etc. Nevertheless, puppet characters and drama remain important tools to transmit cultural values and ideas.

202

The Puppet as Metaphor

Every performing African puppet or mask of any kind is actually a metaphor for a character, human or animal, phantasmagoric or not. However, it is quite rare that a puppet will be used as a metaphor in conversation and those who relate to it are mainly European (English, French, Italian, etc.) and the word usually used is "marionette". Such metaphors would come as part of a sentence describing someone as "behaving, moving, dancing, being ridiculous, imitating, playing, being funny ... like a marionette." In most cases it is used in a derogatory manner.

I only heard a few puppet metaphors in conversation with Africans. During my Gabon tour in 1966, rumours circulated that President Léon M'ba, prior to making a major political decision would consult his traditional local priest. The French people in Gabon at the time saw this as a weakness, and one of them compared the President to a marionette in the hands of his priest. Meanwhile, his countrymen saw this as a demonstration of strength and were proud of him. Kofi Niaonde, for his part, said, "When the President travels to the local priests for advice he shows them , not only that he respects them but he earns their respect as well. Actually," he said, "he is playing with the local priests as his puppets." Two opposite metaphoric meanings on the power of the puppet manipulator.

Another example illustrating the use of the puppet as metaphor by an African was in Mali when Amadu, who drove us from Mopti to Bandiagara, was telling us about his great love - a girl in his village (Bamana) whose parents refused to allow her to marry him. When asked why he loved her so much he replied, "she is like Yayoroba." That was the first time I had heard the name, and he told us what it meant by describing the Yayoroba shoulder puppet which played in a puppet show in his village and represented a beautiful and strong woman.

LA SCÈNE

La scène d'un spectacle de masques ou de marionnettes est unique à un temps et un endroit, en ce que chaque fois et à chaque endroit la taille de la scène change selon les circonstances. Par exemple, les marionnettistes gabonais décrits plus tôt ont joué la même pièce deux fois, dans deux villages, d'abord à Mokambi, puis à Mangi le lendemain. A Mokambi, non seulement la pièce n'a-t-elle duré que 15 minutes, contre 40 à Mangi, mais la taille et la forme de la scène et la position de la foule ont changé.

A Mokambi, les marionnettistes ont tendu trois couvertures entre des arbres et créé une scène à trois côtés, sans dos. Conséquemment, l'auditoire formait un demi-cercle autour de la scène et pouvait observer les marionnettistes sous trois angles (voir 206a). A Mangi, ils n'ont pu tendre leurs couvertures qu'entre deux huttes, d'où un grand rideau droit. Les spectateurs ne pouvaient voir les marionnettes que de devant et formaient une courbe face à la scène (voir 206b).

Dans le cas d'une scène Ibibio, Scheinberg (pg 5) dit que

> Comme les marionnettes étaient tenues au-dessus de la tête du marionnettiste, les scènes étaient hautes de six à sept pieds. Des tiges de bambou étaient fichées en terre et des tiges de palmes rangées entre elles, délimitant ainsi un espace rectangulaire d'environ vingt pieds de long par six de large. L'armature de la scène était couverte de tissu et de couvertures décoratifs.

L'étude la plus détaillée sur les scènes de marionnettes est celle de Darkowska-Nidzgorska dans laquelle elle les décrit comme des espaces scéniques. Ses dessins de scènes nous donnent une idée générale des scènes typiques de diverses régions de l'Afrique. (voir 205, 209)

Il est évident que les scènes de spectacles de marionnettes sont aussi diverses que le nombre de représentations et vont de la scène très élaborée, structurée et charpentée comme celle de la représentation Ogoni au Nigeria (voir dessin 203) à la scène très simple définie par les pieds d'un enfant jouant avec des marionnettes à orteil (voir 110b).

A partir de la documentation courante, on peut aisément saisir que l'espace scénique des spectacles de marionnettes ou de masques en Afrique tombe sous l'une de deux catégories: stationnaire et mobile.

Scène stationnaire

Une scène est stationnaire s'il s'agit d'un espace délimité par divers matériaux. Elle comprend des rideaux fixés à son armature. Le marionnettiste manipule ses marionnettes de derrière ou de sous la scène et son espace se confine au cadre de la scène (voir dessins 203 à 206).

Scène mobile

Une scène est mobile lorsque le manipulateur tient la marionnette ou le masque sur sa tête, son visage, ses épaules ou devant son corps costumé ou d'une cage mobile qui dissimule son corps. L'espace scénique est alors défini par le corps costumé du manipulateur et l'espace qu'il occupe. Comme il est libre de s'asseoir, se tenir debout, marcher, courir, sauter avec son masque ou sa marionnette, la scène se déplace avec lui (voir dessins 207 à 209).

La scène mobile permet plus facilement de passer de la marionnette au masque et vice versa que la scène stationnaire où le marionnettiste est en fait confiné à son périmètre.

Il y a aussi l'unique phénomène de la scène qui est à la fois stationnaire et mobile, C'est le cas des marionnettes aquatiques des pêcheurs Bozo, du Mali, qui se produisent sur des pirogues. Le marionnettiste est caché sous une structure stationnaire placée sur une pirogue. La scène elle-même est stationnaire, mais à mesure que la pirogue suit le courant de la rivière elle déplace la scène et permet de donner des spectacles de village en village (voir 207).

THE STAGE

The stage for puppet or mask performances is unique to a specific time and place - unique in that every time and in every place the size and the shape of the stage change according to local conditions. For example, the Gabonese puppeteers described earlier performed the same play twice, in two different villages. First at Mokambi and the next day at Mangi. In Mokambi, not only did the play last only 15 minutes, against 40 minutes in Mangi, but the size and the shape of the stage differed, and the audience was not positioned the same way.

In Mokambi, the puppeteers suspended three blankets from trees and formed a stage which had three sides and no back. Therefore, the audience stood in a semi-circle around the stage and was able to view the puppets from three directions (see 206a). In Mangi, the puppeteers were only able to span the blankets between two huts, creating one large straight curtain. The audience could only view the puppets from the front, therefore formed a curve facing the stage (see 206b).

In the case of an Ibibio stage, Scheinberg (pg 5) says that,

> As the puppets were held over the head of the puppeteer, Ibibio stages were high, six to seven feet. Bamboo poles were driven into the earth and palm stems laid between them, delimiting a rectangular space about twenty feet long by six feet wide. The framework of the stage was hung with decorated cloths and blankets.

The most comprehensive work to date on puppet stages is Darkowska-Nidzgorska's, where she describes stages as "espaces scéniques". Her stage designs allow us to have a general view of typical stages from various African regions. (see 205, 209)

There is no doubt that stages for puppet shows are as varied as the numbers of performances and range from very elaborate, well struc-

tured and built stages like that of the Ogoni performance in Nigeria (see drawing 203), to the very simple "stage" defined by the feet of a child playing with toe puppets between his legs (see 110b).

From the material available, we can clearly see that the stage space for puppet shows or masks in Africa can be divided into two types: stationary stage and mobile stage.

Stationary Stage

A stage is stationary when it is a defined space made from various materials. It includes curtains which are affixed to structures. The puppeteer manipulates his puppets from behind or from below the stage. His space is limited by the frame of the stage (see drawings 203 to 206).

Mobile Stage

A stage is mobile when the puppeteer or the dancer holds the puppet or the mask on his head, face, shoulders or in front of his costumed body or under a mobile cage he carries on his body. The stage space is then defined by the manipulator's costumed body and the space he occupies. As the manipulator is free to sit, stand, walk, run, jump with his mask or puppet, the stage shifts with him (see drawings 207 to 209).

The mobile stage allows for more swing from puppet to mask and vice versa than the stationary one, where the puppeteer is to a large extent confined to the back of his stage.

There is also a unique occurrence of a stage that is both stationary and mobile. This is the case of the water puppets of the Bozo fishermen, from Mali, which perform on pirogues. The puppeteer is hidden under a stationary structure which sits on a pirogue. The stage itself is stationary, but as the pirogue follows the river's current it gives the stage mobility and allows for performances from one fishing village to the next (see 207).

203

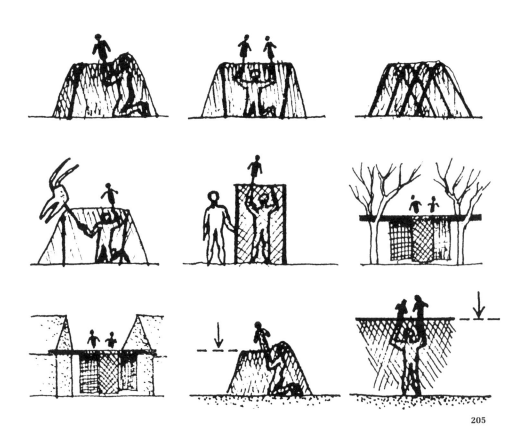

205

203. Ogoni puppet
theatre, stationary
stage/théâtre de
marionnettes
Ogoni, scène fixe
See/voir Nigeria
Magazine, 1975,
pg 105

205. Designs of
stationary puppet
stages from
various regions/
croquis scènes
fixes de théâtre de
marionnettes
provenant de
diverses régions
Drawn by/dessiné
par P. Pereplys
for/pour D.
Nidzgorski

204. Puppet theatre,
stationary stage/
théâtre de
marionnettes,
scène fixe
See/voir Talbot,
Some Magical
Plays of Savages,
pg 694

206a. Stage for
Mokambi
performance, in
Gabon, with
blankets stretched
between trees/
scène pour le
spectacle à
Mokambi, au
Gabon, avec des
couvertures
tendues entre des
arbres.

206b. Stage for Mangi
performance, in
Gabon, with
blanket stretched
between two huts/
scène pour le
spectacle à Mangi,

207. Mobile stage, two antilope puppets performing on moving pirogue/ scène mobile, deux marionnettes antilopes en scène sur une pirogue en déplacement De-be marionette festival, Jarabougou village, Kolikore region/ festival de marionnettes dé-bé, village Jarabougou, région de Kolijore Bozo, Mali P.M. Samake photo Musée National, Bamako, Mali

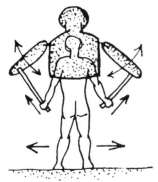

209. Design of various
mobile stages by
P. Pereplys from
O. Darkowska-
Nidzgorska/dessin
de diverses scènes
mobiles par P.
Pereplys parus
dans O. Darkow-
ska-Nidzgorska.

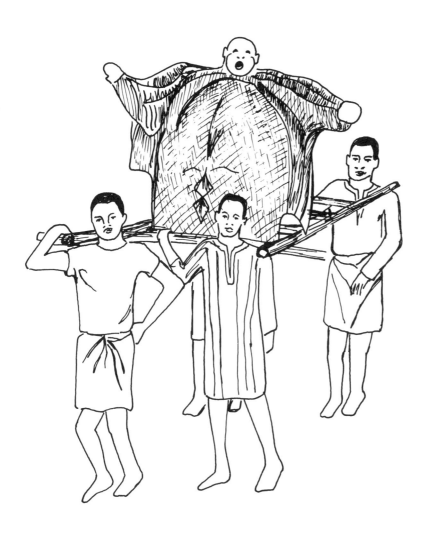

210. Niambo giant
     puppet-mummy,
     portrait of a dead
     chieftain/
     marionnette-
     momie géante
     Niambo,
     représentant un
     chef décédé
     Bwende, Zaïre
     See "The Bwende
     cult of Niambo",
     Arts d'Afrique
     Noire, No. 2,
     1972/voir "Le
     culte du Niambo
     des Bwendé", Arts
     d'Afrique Noire,
     no 2, 1972

208. Kono bird
performing in
Bamako/oiseau
Kono jouant à
Bamako
Bamana, Mali
Musée National,
Bamako, Mali

LES MARIONNETTES EN AFRIQUE AUJOURD'HUI

L e théâtre africain d'aujourd'hui, y compris les spectacles de marionnettes et les mascarades, vit une transition et un sectionnement à la fois. Transition à mesure qu'il passe de l'extérieur à intérieur, du milieu rural à l'urbain, du rituel au profane. En même temps, il se sépare du théâtre africain en général. Pendant qu'il lutte comme forme théâtrale indépendante, il éprouve les même difficultés que le théâtre de marionnettes a connues de tous temps.

Pendant sa transition du théâtre en plein air au théâtre en salle, l'art de la marionnette a toujours vécu le même genre de crise. Malgré que les spectacles de marionnettes en plein air de divers pays de l'Extrême-Orient et de l'Europe de l'Ouest réussissent toujours à captiver de grands auditoires dans les parcs, marchés et places publiques villageoises, le théâtre de marionnettes en salle en Europe de l'Ouest se cherche des spectateurs, surtout parce que les spectacles de marionnettes sont perçus comme un divertissement intéressant plutôt les enfants.

Ce n'est que depuis la Deuxième Guerre mondiale que le théâtre de marionnettes en salle a pris son essor dans la plupart des pays de l'Europe de l'Est, au Japon, en Chine et en Egypte, grâce principalement à des subventions gouvernementales.

Aux Etats-Unis, par contre, quoique le théâtre de marionnettes sont rarement subventionné, il connaît un regain de vie. La crise du passage à la salle a été surmontée par de nouveaux thèmes, technologies, méthodes et matériaux. La sophistication bat son plein, reflétant ainsi notre ère, et l'art de la marionnette s'est touvé de nouveaux débouchés qui rompent avec toutes les traditions. Des marionnettes éducatives et de divertissement servent dans les jardins d'enfance, écoles, centres culturels et d'apprentissage des langues. En thérapie, elles sont utilisées par psychologues et travailleurs sociaux, tandis qu'elles se produisent en formation religieuse dans des églises et synagogues. Elles sont aussi pleinement intégrées aux spectacles de variétés, comédies musicales, films et cirques, sans compter les programmes télévisés, Sesame Street comme exemple hors-pair.

Il semble que l'une des façons d'assurer la survie et la reprise du théâtre africain des marionnettes et des masques serait de combiner des éléments traditionnels de théâtre aux problèmes et dilemmes de l'Afrique d'aujourd'hui, comme certains marionnettistes le font déjà.

En Afrique du Sud, par exemple, le théâtre de marionnettes a été longtemps l'apanage des blancs, mais aujourd'hui, comme il divertit des auditoires mixtes et traite abondamment du problème de l'apartheid, il est en pleine expansion.

A. Kohler et B. Jones (pg 66) croient que,

> malgré les nombreux problèmes que le gouvernement de la minorité a créé, de nombreuses organisations indépendantes et des individus sont de plus en plus convaincus de la puissance du monde des marionnettes et il semble certain qu'elles joueront un rôle croissant dans l'Afrique du Sud post-apartheid.

Les contacts entre les marionnettistes africains et occidentaux et la présentation de spectacles de marionnettes africaines devant des auditoires occidentaux se veulent des signes encourageants de cette reprise.

Un superbe exemple de l'équilibre qu'il est possible d'atteindre en combinant des formes théâtrales traditionnelles à la technologie et aux thèmes modernes nous est fourni par le spectacle télévisé de marionnettes Kwagh-Hir du peuple Tiv du Nigeria. Lors d'un voyage à Londres en 1984, 20 de ses artistes ont joué devant des auditoires occidentaux. Kwagh-Hir signifie magie en langue Tiv.

Dans le Kwagh-Hir,

> les objets se déplacent, dansent, disparaissent et prennent des formes inhabituelles sans le concours visibles d'être humains...Ils adoptent des formes humaines, animales et d'esprits. Et racontent des histoires et exploits de chasseurs, des interactions entre des animaux et des humains et des histoires sur le monde le plus énigmatique des mystères, le monde des esprits...le Kwagh-Hir est issu de l'héritage traditionnel des contes, un théâtre indigène conçu et mis au point par les Tiv...Kwagh-Hir n'est plus seulement un art du divertissement strictement traditionnel. La vie moderne s'y est greffée. Les Tiv sont des guerriers. Ils adorent le monde militaire. Ce qu'ils démontrent dans le Kwagh-Hir...c'est il n'y a pas de différence entre un spectacle Kwagh-Hir et un spectacle de Disney." (Rolake Omonubi, 28)

PUPPETS IN AFRICA TODAY

Today's African theatre, including puppet shows and masquerades, is undergoing a transition and separation process. Transition as it moves from outdoor to indoor locations, from rural to urban setting, from ritual drama to secular drama. At the same time, it is experiencing a separation from African theatre as a whole. While struggling as an independent theatrical medium, it goes through the same difficulties that puppet theatre has undergone throughout the history of puppetry.

During their transition from outdoor to indoor theatre, puppetry always experienced the same type of crisis. While outdoor puppet shows in various Far Eastern and Western European countries still succeed in attracting large audiences in parks, markets and village squares, the indoor puppet theatre in Western Europe continues to struggle for spectators, mainly because puppet shows are seen as popular entertainment aimed specifically at children.

It is only since WWII that indoor puppet theatre in most Eastern European countries, Japan, China and Egypt, have flourished, mainly because of large government subsidies.

In the U.S., to the contrary, puppet theatre is rarely subsidised, yet it is enjoying a great revival. The outdoor-to-indoor crisis was overcome by the development of new themes, technologies, methods and materials. There is an ever-greater sophistication reflecting our times, and the art of puppetry has found new channels by breaking all traditional boundaries. Puppets for education and recreation perform in kindergartens, schools and cultural and language-training centres. For therapy, they are used by psychologists and social workers, while for religious education they appear in churches and synagogues. They are also fully integrated in variety shows, musicals, films and circuses, as well an in television productions, with Sesame Street as the prime example.

It seems that one of the ways that insure the survival and revival of the African puppet and mask theatre would be to combine the traditional theatrical elements with the problems and dilemmas of today's African reality, as some of puppeteers are already doing.

In South Africa, for example, puppet theatre was reserved for whites for a long time, but today, as it entertains mixed audiences and deals in great part with the apartheid problem, it is experiencing very good times.

A. Kohler and B. Jones (pg 66) believe that,

> despite the many problems that the minority government has created, independent organizations and individuals are becoming more and more convinced of the tremendous power of the medium of puppets and it seems certain that puppets will have an increasing role to play in post-apartheid South Africa.

A few encouraging signs which are undoubtedly contributing to this revival are the contacts between African and Western puppeteers and the performance of African puppet theatre before western audiences.

An superb example illustrating the balanced combination between traditional theatre forms and modern technology and themes is the Kwagh-Hir television puppet show of the Tiv people in Nigeria. During a trip to London in 1984, 20 of its artists performed for western audiences. Kwagh-Hir means magic in the Tiv language.

In Kwagh-Hir,

> objects move, dance, appear, disappear and assume unusual forms without the visible aid of human beings...They assume human, animal and spirit forms. And they tell stories - exploits of hunters, interactions among animals and human beings and stories about the most mysterious of the mysterious world, the spirit world.....the Kwagh-Hir is an extension of the traditional story-telling heritage, an indigenous theatre form conceived and developed by the Tiv.... Kwagh-Hir is no longer strictly a traditional entertainment art form. Modern life has crept into it. The Tivs are warriors. They love soldiering. They show this in Kwagh-Hir.....there is no difference between Kwagh-Hir performance and Disney performance. (Rolake Omonubi, 28)

LES MARIONNETTES EN AFRIQUE AUJOURD'HUI

Evidemment, les marionnettes africaines ont souvent été exposées en Occident au fil des ans, notamment au *Congrès des Marionnettes* à Lyon en 1929; au *Festival international des Marionnettistes* à Liège en 1958; à l'exposition *Marionnettes et marottes d'Afrique noire* au Musée de l'Homme à Paris en 1977; à l'exposition *Puppetry at the Smithsonian* à Washington en 1980; et lors de la *Celebration of African Puppetry* au Centre for Puppetry Arts à Atlanta en 1988.

Ces expositions, qui ont été vues par des Européens et des Nord-américains, sont un important échange culturel, mais ne font pas justice au théâtre des marionnettes africain du fait qu'elles sont statiques. Comme les marionnettes sont exposées en qualité de sculptures, leurs qualités théâtrales manquent. Ce n'est pas suffisant de qualifier une marionnette africaine de sculpture. C'est le cas de deux marionnettes commandées d'un artiste nigerien par le Horniman Museum de Londres pour représenter le Prince et la Princesse de Galles.

Le théâtre des marionnettes africain dans son ensemble mérite reconnaissance, support et encouragement, dans l'esprit du respect qui lui est dû et de la compréhension de ses valeurs culturelles, lesquelles doivent non seulement être vues et vécues, et pas uniquement par les occidentaux, mais aussi évaluées dans le cadre d'une vaste expérience d'échange culturel entre l'Afrique et la communauté culturelle occidentale. Sans aucun doute, les Africains en tireront le soutien moral et, espérons-le, financier dont ils ont besoin et qu'ils méritent, et en même temps la communauté théâtrale occidentale au complet se trouvera enrichie et stimulée par les idées, méthodes, techniques et matériaux théâtraux uniques à l'Afrique.

D'autres rencontres internationales s'imposent tel que le dernier symposium organisé en 1988 par l'Union internationale de la marionnette et intitulé *L'Afrique Noire en Marionnettes*, qui a également donné naissance à une publication rédigée par des marionnettistes africains.

Naturellement, ce type de manifestation, qui je l'espère se produira plus souvent, encourage les marionnettistes africains à continuer leur oeuvre de création et de représentations sur scène.

RÉPUBLIQUE DU CONGO

PREMIER JOUR FOLKLORE ET TOURISME 21 OCT. 63 BRAZZAVILLE

RÉPUBLIQUE du CONGO POSTES 15F FOLKLORE et TOURISME MARQUE KÉBÉKÉBÉ

PREMIER FOLKLORE ET TOURISME 21 OCT. 63 BRAZZAVILLE

PREMIER JOUR D'ÉMISSION

ÉDITIONS BO.GE.IM.

211. Puppet in postage stamp of the Kebe-kebe marionette/ marionnette kébé-kébé et timbre Republic of Congo/République du Congo, 1963

PUPPETS IN AFRICA TODAY

Of course, African puppets have been exposed as sculptures repeatedly in the West over the years, for instance at the *Congrès des Marionnettes* in Lyons in 1929; the *International Festival of Marionetteers* in Liège in 1958; the *Marionnettes et marottes d'Afrique noire* exhibition at the Musée de l'homme in Paris in 1977; *Puppetry at the Smithsonian* in Washington in 1980; and *Celebration of African Puppetry* at the Centre for Puppetry Arts in Atlanta in 1988.

These exhibitions which were seen by Europeans and North Americans are important as a cultural exchange, but are not doing justice to the African puppet theatre by virtue of their being static. Since the puppets were shown as sculpture, their dramatic performance qualities were absent. It is not enough for the African puppet to be recognised solely as a sculpture. A case in point is the two puppets commissioned recently by the Horniman Museum in London from a Nigerian artist to represent the Prince and Princess of Wales.

The recognition, support and encouragement should be focussed on African puppet theatre as a whole, with the much deserved respect and view of its cultural values which need to be shown and experienced, not only by western spectators but evaluated as a great experiment of cultural exchange between Africa and the theatrical community in the West. This will undoubtedly give Africans the moral and, hopefully, financial support that they need and merit, and at the same time enrich and stimulate the entire western theatrical community with the unique African theatrical ideas, methods, techniques and materials.

We need much more international encounters such as the last symposium organised in 1988 by the Union internationale de la marionnette and entitled *L'Afrique Noire en Marionnettes*, which also produced a publication written by a number of African puppeteers.

Naturally, this encourages the African puppeteers to continue creating and performing, and hopefully will occur with increasing frequency.

212. Kebe-kebe puppet in strip cartoon/ marionnette kébé-kébé dans une bande dessinée Magazine Kouakon, No. 86, pg 5

162

CONCLUSION

Originellement, cette publication devait s'intituler La Magie de l'Imaginaire, marionnettes d'Afrique. Mais en fouillant le sujet plus avant, j'ai constaté que les marionnettes et masques africains, en qualité d'objets multidimensionnels et multifonctionnels, sont un phénomène unique qui ne permet pas d'analyses séparées. Malgré les obstacles à la définition et à la différenciation en fonction de concepts occidentaux, j'ai tenté de faire ressortir leur rôle et leur dualité.

D'une part, ils partagent des fonctions, valeurs et matériaux avec d'autres types de sculpture et, d'autre part, en diffèrent du fait qu'ils transmettent des messages en autant qu'ils soient en mouvement.

Comme les marionnettes et masques doivent être manipulés pour véhiculer des messages pendant un événement théâtral, j'ai été amenée à rechercher ce qui les rend différents et semblables à la fois.

Pendant cette étude, j'ai constaté que leurs différences ne reposent pas tant sur leurs caractéristiques physiques comme sur la façon qu'on les utilise et sur comment on s'y rapporte pendant un événement théâtral, soit le temps et l'espace, la gravitation et la gesticulation, les types de narration et les scènes.

Temps et espace

Marionnette et marionnettiste	Masque et danseur
Se meuvent dans un double espace-temps	Se meuvent dans un seul temps-espace
L'objet est éloigné du corps du marionnettiste	L'objet fait corps avec le danseur

Gravitation et gesticulation

Marionnette et marionnettiste	Masque et danseur
La marionnette défie la gravité, est libre d'exécuter des mouvements disproportionnés	La force de la gravité limite l'amplitude des mouvements
Manipulation par une partie du corps (main ou pied)	Manipulation par toutes les parties du corps
Gesticulation exagérée ou déformée	Mouvements harmonieux

Type de narration

Marionnette et marionnettiste	Masque et danseur
Dialogue profane tiré du quotidien d'antan et d'aujourd'hui	Monologue rituel ou religieux de nature mystique ou spirituelle

Scène

Marionnette et marionnettiste	Masque et danseur
La scène est généralement stationnaire	La scène est généralement mobile

On ne peut cependant conclure que ces quatre éléments permettent de différencier complètement les marionnettes des masques, le génie, la flexibilité et l'improvisation de l'artiste africain, particulièrement du marionnettiste et du danseur, menant souvent à une mouvance, un chevauchement et une fusion de ces quatre éléments à tous les niveaux. Conséquemment, il est impossible d'établir une distinction nette entre les marionnettes et les masques. Ils appartiennent à un continuum d'expression comportant une zone considérable de chevauchement.

Cependant, on peut considérer que plus l'objet est éloigné du manipulateur plus il est marionnette, plus il fait corps avec lui plus il est masque, quoique dans certains cas il s'agisse du même objet.

Il existe un exemple extraordinaire de ce type de fusion dans le cas du masque Gélédé (voir 110e) où l'artiste est à la fois marionnettiste et danseur. Pendant qu'il tient son masque sur sa tête, il tire sur des ficelles pour manipuler deux personnages articulés montés sur la superstructure du masque. Cette sculpture combine un masque à des marionnettes et l'artiste est en même temps danseur et marionnettiste.

La rédaction de cette étude sur les marionnettes et masques du théâtre de l'Afrique noire s'est avérée un grand défi. J'espère que le lecteur y aura aussi trouvé un défi et que les idées partagées ici susciteront des discussions. C'est alors que les objectifs de ce livre auront été atteints.

163

CONCLUSION

Originally, the title of this publication was Emotion in Motion, Puppets from Africa. But, while working on the material, it became clear that the African puppets and masks, as multi-dimensional and multi-functional objects, are a unique phenomenon that precludes separate analysis. In spite of the obstacles in defining them and differentiating between them in terms of western concepts, I have tried to shed some light on their role and duality.

On one hand, both share functions, values, forms and materials with other types of sculpture and, on the other, differ from them by virtue of their ability to convey messages inasmuch as they are in motion.

The fact that both puppets and masks must be manipulated in order to carry a message in a theatrical event led me to examine how they differ and how they are similar.

While examining the relation between them, it became obvious that these differences do not rest so much on their physical characteristics, as with how they are used and related to in a theatrical event, namely time and space, gravitation and gesticulation, types of narration and stages.

Time and space

Puppet - puppeteer	Mask - dancer
Move in double time and space	Move in single time and space
The object is disconnected from the puppeteer's body	The object is attached to the dancer's body

Gravitation and gesticulation

Puppet - puppeteer	Mask - dancer
The puppet defies gravity, is free to move in disproportionally large movements	The force of gravity limits the range of movements
Manipulation by one part of the body (hand or feet)	Manipulation by all parts of the body
Exaggerated or distorted gesticulation	Harmonious movements

Type of narration

Puppet - puppeteer	Mask - dancer
Secular dialogue drawn from past and present reality	Ritual, religious monologue of mystic or spiritual nature

Stage

Puppet - puppeteer	Mask - dancer
Mostly stationary stage	Mostly mobile stage

One cannot conclude that these four elements allow to fully differentiate puppets from masks, because the genius, flexibility and improvisation of the African artist, specially the puppeteer and the dancer, often lead to shifting, overlapping and blending on all levels of these four elements. In light of the above, a clearcut distinction between puppets and masks is impossible. They are part of a continuum of expression with a faily broad zone of overlap.

However, it can be said that the more the object is remote from the manipulator, the more is functions as a puppet, whereas the more is is one with the manipulator the more it functions as a mask, though in many cases the object is the same one.

An extraordinary example of their unity is provided by a Gelede mask (see 110e), where the performer is a puppeteer and a dancer at the same time. While holding the mask on his head, he is also pulling on strings to manipulate two articulated figures attached to the top of his mask. The sculpture comprises both a mask and puppets and the performer is simultaneously dancer and puppeteer.

Writing about theatrical puppets and masks from Black Africa was a great challenge for me. Hopefully this book will be a challenge for the reader as well and the ideas shared will be debated. Only then will all the goals of this publication be fully achieved.

BIBLIOGRAPHIE • BIBLIOGRAPHY

ARTICLES

ADEDEJI, Joel, Traditional Yoruba Theatre, African Arts, Vol. III, No.1, 1969

ALEXANDER, D. - "Dubbo-Dubbo...", Man, 1910, pp. 145-146)

BENEZECH, Anne-Marie, So-called Kuyu Carvings, African Arts, Vol. XXII, No.1, November 1988

BETTLEHEIN, Judith, The Lantern Festival in Senegambia, African Arts, Vol. XVIII, No.2, November 1988

BEIER, Ulli, The Agbegijo Masqueraders, Nigeria Magazine, September 1964

BLACKMUN, Barbara, and SCHOFFELEERS, Matthew, Masks of Malawi, African Arts, Vol. V, No.4, 1972

BORGATTI, Jean M., Age, Grade, Masquerades and Leadership among the Northern Edo, African Arts, Vol. XVI, No. 1, November 1982

BRAND, Roger, Statuettes articulées Yoruba, Anthropos 66 (3-4) 1971: 550-554

BRAVMANN, Renée A., Gyinna-Gyinna: Making the Djinn Manifest, African Arts, Vol. X, No.3, 1976

CHESNAIS, Jacques, Marionnettes africaines, World Theatre, Vol. 14, 1965

CLERK, S.I., African Puppet Theatre, African Arts, Vol. IV, No.1, 1970

DORST, J., Marionnettes et marottes d'Afrique Noire, Le Courrier, Paris, no 1, 1977

DRUM, Henri, Les marionnettes au Congo, Jeune Afrique, 4(II), 1950

DRUM, Henri, Les marionnettes, L'Art nègre du Congo Belge, 1950

DRUM, Henri, Introduction au théâtre des marionnettes congolaises, Jeune Afrique 4 (3), 1948

ELLISON, R.E., A Bornu Puppet Show, Nigerian Field 4, April 1935

ENEM, Edith, Puppet Theatre in Nigerian Dances, Nigeria nos. 115-116, 1975

GAD, Leila F., The Puppet Theatre in Cairo, World Theatre, Vol. 14, 1965

HARPER, Peggy, Kwagh-Hir in London, West Africa (London) No. 3481: 979, 1984

JADOT, J.-M., Le théâtre de marionnettes au Congo Belge, Institut Royal Colonial Belge, Bulletin des Séances, 21(3) 1950

KECSKESI, Maria, The Pickaback Motif in the Art and Initiation of the Rovuma Area, African Arts, Vol. XVI, No. 1, November 1982

MESSENGER, John C., Ibibio Drama, Africa, Vol. 41, No. 3, London, 1971

NICKLIN, Keith, Kuyu Sculpture at the Powell Cotton Museum, African Arts, Vol. XVII, No. 1, November 1983

NUNLEY, John W., The Lantern Festival in Sierra Leone, African Arts, Vol. XVIII, No.2, November 1988

OKO. Atabo, The Historical Beginnings of Dau-Dau: the Kanuri Traditional Theatre, Annals of Borno (Maiduguri) 3: 271-274, 1986

OMONUBI, Rolake and Dan Agbese, The Gold in the Farm (on kwagh-hir puppetry on Nigerian television), Newswatch (Ikaja, Nigeria) 1 (21): 28, 1985

PROSCHAN, Frank, Puppet Voices and Interlocutors: Language in Folk Puppetry, Journal of American Folklore 94 (374), 1981

PROSCHAN, Frank, The Folk Puppetry Traditions of Africa: descriptions and definitions, paper delivered at the XIIIth Quadrennial World Congress of UNIMA, June 1980

Puppet Theatre, Nigeria Magazine, 1975

ROSS, Doran H., The Verbal Art of the Akan Linguist Staffs, African Arts, Vol. XVI, No.1, 1982

SOUSBERGHE, L. de, L'art Pendé, Beaux-Arts, Tome IX, fasc. 2, 1958

Three Cross River Puppets, African Arts, Vol. XIX, No.2, February 1986

TUY, Lêh Vinh, Vietnam's Terrestrial and Aquatic Puppets, World Theatre, Vol. 14, 1965

BOOKS/LIVRES

ANDERSON, Madge, The Heroes of the Puppet Stage, New York, 1923

ARNOLDI, Mary Jo, Performance Style and the Assertion of identity in Malian Puppet Drama, in Performance in Contemporary African Arts, African Studies, Journal of Folklore Research, Indiana University, 1988

ARNOLDI, Mary Jo, Bamana and Bozo Puppetry of the Segou Region Youth Societies, Indiana University

ARNOLDI, Mary Jo, Celebration of African Puppetry, Exhibition at the Center for Puppetry Arts, Atlanta, 1988

BAIRD, Bil, The Art of the Puppet, New York, 1965

BÖHMER, Günther, Puppets through the Ages, London, 1969

BORDOGNA, Charles, and TIKPOR, Robert G., Tales from the Djuankadju, Society of African Missions, Tenafly, new Jersey, 1988

BORDOGNA, Charles, African sculpture, The Collection of the Society of African Missions, Tenafly, New Jersey, 1980

CHESNAIS, Jacques, Histoire générale des marionnettes, Paris, 1947

CROTHERS, J. Frances, The Puppeteer's Library Guide, The Scarecrow Press Inc., Metuchen, new Jersey, 1971

CURRELL, David, The Complete Book of Puppet Theatre, London, 1985

DAGAN, Esther A., Tradition in Transition, Mother and Child in African Sculpture - Past and Present, Amrad Gallery, Montreal, 1989

DAGAN, Esther A., When Art Shares nature's Gift, The Calabash in Africa, Amrad Gallery, Montreal, 1989

DAGAN, Esther A., Spirits without Boundaries, Single-headed Terracotta from Komaland, Amrad Gallery, Montreal, 1989

DAGAN, Esther A., Man and his Vision, the traditional wood sculpture of Burkina Faso, Amrad Gallery, Montreal, 1987

DAGAN, Esther A., Man at Rest, Stools and Seats from 14 African countries, Amrad Gallery, Montreal, 2nd edition 1988

DAGAN, Esther A., Asante Stools, Amrad Gallery, Montreal, 1987

BIBLIOGRAPHIE • BIBLIOGRAPHY

DAGAN, Esther A., Dance in Africa, VHS video cassette, dances from 13 African countries, April 1966 Dakar festival, Amrad Gallery, Montreal

DANAYE, Kanlanféï, Toute ma vie, rien que des marionnettes, in UNIMA Informations, Charleville-Mézières, France, 1988

DARKOWSKA-NIDZGORSKA, Olenka, Théâtre populaire de marionnettes en Afrique sud-saharienne, Bandundu, Zaïre, 1980

DREWAL, Henry John, Interpretation, Invention and Representation in the Worship of the Mami Wata, in Performance in Contemporary African Arts, African Studies, Journal of Folklore Research, Indiana University, 1988

FELLER, Jules, Le Bethléem Verviétois, une survivance d'ancien théâtre religieux de marionnettes, Verviers, 1931

FRIEDMAN, Gary, Le Spectacle "Puns en Doedie" d'Afrique du Sud (les marionnettes contre l'apartheid), in UNIMA Informations, Charleville-Mézières, France, 1988

GROSSERT, John Watt, Zulu Crafts, Pietermaritzburg, Shuter & Shooter, 1978

HOOREMAN, Paul, Danseurs à travers le temps, Fernand Nathan, Paris, 1953

HUET, Michel, and PAUDRAT, Jean-Louis, The Dance and Ritual of Africa, Paris, 1978

KRAUS, Richard, History of the Dance, New jersey, 1969

JOSEPH, Marietta B., Puppets from Africa, in Puppetry at the Smithsonian, Washington, 1980

KOHLER, Adrian, et JONES, Basil, Rapport sur la marionnette en Afrique du Sud, in UNIMA Informations, Charleville-Mézières, France, 1988

La Troupe de la Savane ou un théâtre de marionnettes du Burundi, in UNIMA Informations, Charleville-Mézières, France, 1988

LE COURT, A., Le théâtre de marionnettes à l'Ile de la Réunion au XIXe siècle, PA-BENJAMIN, fantaisie biographique, in UNIMA Informations, Charleville-Mézières, France, 1988

LE GRAND MONDE DE LA MARIONNETTE, Musée de la Civilisation, Québec, 1988

LIKING, Werewere, Marionnettes du Mali, Collection Traditions africaines, Paris, 1987

LIKING, Werewere, L'expérience du Ki-Yi Mbock Théâtre d'Abidjan ou l'ouverture sur la marionnette humaine, in UNIMA Informations, Charleville-Mézières, France, 1988

MALKIN, Michael R., Traditional and Folk Puppets of the World, London, 1977

MALUTAMA, Duma-Ngo, Les origines religieuses des objets animés et des marionnettes négro-africaines, in UNIMA Informations, Charleville-Mézières, France, 1988

Marionnettes et marottes d'Afrique noire, Le courrier du Musée de l'homme, Paris, Vol. 1, septembre 1977

MASSIMO-WANSSI, Du Kenya au Togo ou comment je suis devenu marionnettiste, in UNIMA Informations, Charleville-Mézières, France, 1988

MEYONG-BEKATE, Un aperçu de la marionnette en Afrique Centrale, in UNIMA Informations, Charleville-Mézières, France, 1988

MUSEUM NATIONAL D'HISTOIRE NATURELLE, Poupée-jouet - poupée-reflet, Paris, 1983

NDAGIJIMANA, Côme, La marionnette existe-t-elle chez vous au Rwanda?, in UNIMA Informations, Charleville-Mézières, France, 1988

PAWLIK, Jacek Jan, Mises en scène de la vie de l'au-delà: l'unil, objet-acteur du spectacle funéraire, in UNIMA Informations, Charleville-Mézières, France, 1988

PETERSON ROYCE, Anga, The Anthropology of Dance, Indiana University Press, 1977

PHILPOTT, A.R., Dictionary of Puppetry, Boston, 1969

PRESTON BLIER, Suzanne, Gestures in African Art, L. Kahan Gallery, New York, 1982

PROSCHAN, Frank, Les traditions du masque et de la marionnette dans la République de la Guinée, compte rendu d'un voyage fait par Halim el Dabh, Smithsonian Institution, Washington, 1979

Puppets Past and Present, A Picture Book, Detroit, Institute of Arts, 1960

RASSAT, Joëlle, Les marionnettes bambara du Mali ne racontent pas d'histoires, in UNIMA Informations, Charleville-Mézières, France, 1988

REED, Barbara, 1987, a Year of Exhibitions, Zebra's Voice, National Museum, Monuments and Art, Gaborone, Botswana, 14 (3-4): 17-28, 1987

SACHS, Curt, World History of the Dance, New York, 1937

SCHAEDLER, Karl-Ferdinand, Afrika Maske und Skulptur, Ausstellung im Historischen Museum Olten, 1989

SCHEINBERG, Alfred L., Ekon Society Puppets, Tribal Arts Gallery Two, New York, 1977

SCOTT, A.C., The Puppet Theatre of Japan, Vermont, 1963

SPEAIGHT, George, The History of English Puppet Theatre, London, 1955

SPEAIGHT, George, New Encyclopaedia Britannica

STONE, Ruth M., Performance in Contemporary African Arts, A Prologue in Performance in Contemporary African Arts, African Studies, Journal of Folklore Research, Indiana University, 1988

TALBOT, P. Amaury, Some Magical Plays of Savages, Strand, 1915

THOMPSON, Robert Farris, African Art in Motion, University of California Press, 1974

TRAORE, Bakary, The Black African Theatre and its Social Function, Ibadan University Press, 1972

TRAORE, Kardigue Laico, Les marionnettes au Mali, in UNIMA Informations, Charleville-Mézières, France, 1988

TSHINGOMBE KALOMBO, A propos du Théâtre de marionnettes du Zaïre-Themaz, in UNIMA Informations, Charleville-Mézières, France, 1988

UN PEUPLE, TROIS MARIONNETTES: Les Pende du Zaïre, in UNIMA Informations, Charleville-Mézières, France, 1988

GALERIE AMRAD PUBLICATIONS

Tradition in Transition: Mother and Child in African Sculpture - Past and Present
1989, 160 pgs, 215 b/w, 4 clr illus, map, drawings, map, bibl.

When Art Shares Nature's Gift: The Calabash in Africa
1989, 242 pgs, 232 b/w, 26 clr illus., map, bibl.

Spirits Without Boundaries: 26 Single-Headed Terracotta from Komaland, Ghana
1989, 64 pgs, 46 b/w, 1 clr illus., map, drawings, bibl.

Asante Stools
1988, 52 pgs, 34 b/w illus. blue cover pg, map, bibl.

Man and his Vision: The traditional wood sculpture of Burkina Faso
1987, 64 pgs, 181 b/w illus., maps, bibl.

Man at Rest: Stools and seats from 14 African countries
1985, 2nd Ed. 1988, 64 pgs, 130 b/w illus., maps, bibl.

Dance in Africa
1987, 58 min. VHS video cass., Eng. narration, incl. dances from 13 African countries performed in the April 1966 Dakar festival.

PUBLICATIONS DE LA GALERIE AMRAD

Tradition en transition: La mère et l'enfant dans la sculpture africaine - hier et aujourd'hui
1989, 160 p., 215 illus. n/b, 4 en couleurs, carte, dessins, bibl.

Quand l'art s'allie à la nature: La calebasse en Afrique
1989, 242 p., 232 illus. n/b, 27 en couleurs, carte, bibl.

Les esprits sans frontières: 26 unitêtes de terre cuite du Komaland, Ghana
1989, 64 p., 46 illus. n/b, une en couleurs, carte, dessins, bibl.

Tabourets Asante
1988, 52 p., 34 illus. n/b, couverture bleue, carte, bibl.

L'homme et sa vision de la nature: La sculpture traditionnelle sur bois du Burkina Faso
1987, 64 p., 181 illus. n/b, cartes, bibl.

L'homme au repos: Tabourets et sièges de 14 pays africains
1985, 2ième éd., 1988, 64 p., 130 illus. n/b, cartes, bibl.

Dance in Africa
1987, 58 min., vidéo cassette VHS, narration anglaise, comprend des danses de 13 pays africains présentées pendant le festival de Dakar en avril 1966.